オールカラー

体づくり・筋肥大から
体脂肪低減まで

筋肉をつくる食事・栄養パーフェクト事典

日本体育大学
体育学部教授
岡田 隆 監修

管理栄養士
健康運動指導士
竹並 恵里 監修

ナツメ社

CONTENTS

監修者のことば ① …………… 6

序章 筋肉の成分と筋肥大のしくみ　7

筋肉（骨格筋）の構造 …………… 8
タンパク質とアミノ酸 …………… 10
必須アミノ酸と非必須アミノ酸 …… 12
タンパク質の分解と吸収 ………… 14
筋肥大のしくみ ………………… 16
成長ホルモンの働き …………… 18
テストステロンの働き …………… 20

筋サテライト細胞 ……………… 22
速筋線維と遅筋線維 …………… 24
年齢と筋肥大の関係 …………… 26

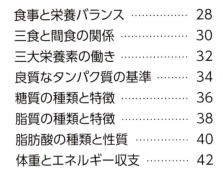

第1章 食事と三大栄養素　27

食事と栄養バランス …………… 28
三食と間食の関係 ……………… 30
三大栄養素の働き ……………… 32
良質なタンパク質の基準 ………… 34
糖質の種類と特徴 ……………… 36
脂質の種類と特徴 ……………… 38
脂肪酸の種類と性質 …………… 40
体重とエネルギー収支 ………… 42

ビタミンとミネラルの働き ……… 44
食物繊維の重要性 ……………… 46

第2章 タンパク質の摂り方　47

アミノ酸プールの役割 …………… 48
筋肉の分解と合成 ……………… 50
鶏肉・牛肉・豚肉の長所 ………… 52
魚類を食べるべき理由 …………… 54
卵・乳製品・大豆食品 …………… 56
タンパク質の消化吸収時間 ……… 58

タンパク質の摂取タイミング …… 60
タンパク質の摂取量 …………… 62
タンパク質の摂取間隔 ………… 64
タンパク質摂取量の調整 ……… 66
タンパク質摂取の習慣化 ……… 68

第3章 PFCバランス

- PFCバランスの目安 ……… 70
- 筋肥大を狙うPFCバランス …… 72
- タンパク質の過剰摂取 ……… 74
- 糖質不足と筋肉の分解 ……… 76
- 筋トレ直後の糖質摂取 ……… 78
- 血糖値が上昇する弊害 ……… 80
- 高GI食品と低GI食品 ……… 82
- 脂質と筋肥大の関係 ……… 84
- 脂肪酸の摂取バランス ……… 86
- 糖質と脂質の代謝関係 ……… 88
- 乳酸の筋肥大効果 ……… 90
- セルフチェックの重要性 ……… 92

第4章 筋肥大に有効な栄養素

- 筋肥大に貢献する栄養素 ……… 94
- BCAA（分岐鎖アミノ酸） ……… 96
- アルギニン（非必須アミノ酸） … 98
- グルタミン（非必須アミノ酸） … 99
- シトルリン（※アミノ酸） ……… 100
- クレアチン（※アミノ酸） ……… 101
- ビタミンB_6 ……… 102
- ビタミンC ……… 104
- ビタミンD ……… 106
- 亜鉛 ……… 107
- 体脂肪の増加を抑制する成分 … 108

体脂肪の増加を抑制する主な栄養素
- ●カルニチン、コエンザイムQ10 ……… 110
- ●α-リポ酸、茶カテキン、HCA（ガルシニア） ……… 111
- ●フォルスコリン、共役リノール酸（CLA）、カフェイン ……… 112
- ●カプサイシン、難消化性デキストリン、烏龍茶ポリフェノール ……… 113
- 加工食品の利点とリスク ……… 114

第5章 プロテインとサプリメント　115

- サプリメントの有効性 ………… 116
- プロテインの種類 ………… 118
- プロテインとアミノ酸 ………… 120
- プロテインの種類と特徴 ………… 122
- プロテインの飲み方 ………… 124
- 主な人気サプリメント
  - ●ホエイプロテイン（WPI） ………… 126
  - ●ホエイプロテイン（CFM） ………… 128
  - ●ホエイプロテイン（WPC） ………… 129
  - ●カゼインプロテイン、ソイプロテイン ………… 130
  - ●総合アミノ酸、EAA ………… 131
  - ●BCAA ………… 132
  - ●グルタミン ………… 133
  - ●クレアチン ………… 134
  - ●アルギニン、シトルリン ………… 135
- サプリメントの必要度 ………… 136

第6章 筋肥大のテクニック（食生活編）　137

- 筋トレ前後の食事 ………… 138
- 筋トレ中のアミノ酸摂取 ………… 140
- 朝のタンパク質摂取 ………… 141
- 間食のタンパク質摂取 ………… 142
- 体脂肪がつきにくい食べ順 ………… 143
- 腸内の善玉菌を増やす ………… 144
- 肝臓の働きを助ける ………… 146
- 噛む回数を増やす ………… 147
- 疲労回復に有効な栄養素 ………… 148
- 活性酸素を減らす ………… 149
- 飲酒リスクの軽減 ………… 150
- 高タンパクのおつまみ ………… 151
- チートデイを作る ………… 152

CONTENTS

第7章 筋肥大のテクニック（日常生活編） 153

- 分割法を取り入れる ……………… 154
- 分割法のプログラム例 ………… 156
- オールアウトする ………………… 158
- 負荷と回数の設定 ………………… 160
- 無理せず休む ……………………… 161
- 減量期のメニューを作る ……… 162
- 睡眠の質を高める ………………… 164
- 入浴で全身を温める ……………… 166

第8章 高タンパクの食品&レシピ 167

- 高タンパク食品の選び方 ……… 168
- 実用的高タンパク食品 ………… 170
- 調理法と栄養損失 ………………… 172
- コンビニの高タンパク商品
  - ●セブン-イレブン ……………… 174
  - ●ファミリーマート …………… 176
  - ●ローソン ……………………… 177
  - ●コンビニで買えるその他の商品
    …………………………………… 178

- 高タンパク料理レシピ …………………………… 179
  - ●鶏むね肉のレンジ酒蒸し ……………………… 180
  - ●ささみの鶏ハム ………………………………… 182
  - ●マグロのばくだん風 …………………………… 184
  - ●ツナ入りコールスロー ………………………… 186
  - ●豆腐の具だくさん納豆がけ …………………… 188
  - ●冷製スープ仕立ての豆乳スムージー ………… 190

- 主な高タンパク食品の栄養成分 ……………………… 192
- 監修者のことば　②　……………………………………… 206

監修者のことば　1

100点満点の筋トレをやっても、栄養摂取が70点であれば70点の成果しか得られません。本書は筋トレ効果を得るための栄養摂取に焦点を当てた本です。

筋トレの解説書ではいつも脇役に回ることの多い栄養摂取ですが、本来は筋トレと同じくらい重要です。これまでなかなか肉体改造が成功しなかった人に、ぜひ見なおしてほしいのがこの栄養摂取です。本気で肉体を変えたいなら「面倒だから……」で済ませてはいけません。考えてみましょう。筋トレは週に数回しか行いませんが、食事や間食は週に何回摂るでしょうか？　これだけでも食事および栄養摂取が肉体に与える影響の大きさがわかるはずです。

筋トレとその両輪たる栄養摂取。それには現場で生み出された経験知と、科学的な研究によって真偽の篩にかけられ生き残った確かな知があります。肉体改造を成功に導く筋トレと栄養摂取には「理」がありますが、それは知の結晶でもあるのです。経験知、そして研究によって裏付けられた確かな知。研究だけが正しい訳ではありません。経験知に留まっているものは、未検証であるだけで、確かな知の可能性もあるのです。どちらも大いに役立ちます。適宜取り入れ、自分の身体の変化を鋭敏に感じとり、自分で見極める力を養っていくことが大切です。あなたと同じ肉体はひとつとして存在しないのですから、肉体が成長する、変化する反応もあなたの肉体固有のものがあると考えられます。

Knowledge is Power　　〜知は力なり〜

肉体改造にとって知は大きな武器。先人が時間をかけて築いてきた成功の秘訣を苦労なく知ることができます。我々はその知の上に立ち、さらに先へと進まなければいけません。私はそう考えて、日々自らの肉体も使って研究を重ねています。本書はその研究の断片と、初心者でも手をつけやすい情報を織り交ぜました。みなさんの肉体改造を叶える知の手引きとなれば幸いです。

日本体育大学 准教授
岡田　隆

序章

筋肉の成分と筋肥大のしくみ

筋肉（骨格筋）を太く成長させるには、タンパク質の摂取やホルモンの分泌などいくつかの条件が必要となる。まずは筋肉の性質や筋肥大のしくみについて知ることからはじめよう。

筋肉（骨格筋）の構造

人間の体には、関節をまたいで異なる骨と骨をつなぐ筋肉（骨格筋）があり、骨格筋が各関節を動かすことによって、あらゆる動作が可能となっている。

骨格筋の特徴と動き

人体の筋肉は大きく分けて、心臓を構成する「心筋」、内臓を構成する「内臓筋」、骨に付着して関節を動かす「骨格筋」に分類される。

このなかで意識的に動かすことができる筋肉（随意筋）は骨格筋のみ。骨格筋は全身に数多く存在し、あらゆる関節動作に関わっている。

日常生活動作から複雑かつ激しいスポーツ動作にいたるまで、すべての人体動作は骨格筋が各関節を動かすことによって成り立っている。

骨格筋の構造

随意筋である骨格筋は、ひとつの細胞である「筋線維（筋細胞）」が集まって構成され、筋線維を束ねる結合組織が筋膜（筋上膜）という形で骨格筋を覆っている。筋膜を縫うようにたくさんの血管や神経が通っているため、脳からの指令やさまざまな栄養が筋肉へと運ばれる。

さらに筋線維は、「筋原線維」という微小な線維の束で構成されている。この筋原線維に、骨格筋が筋収縮するための機能が備わっている。

人為的に太くできる骨格筋

筋膜に覆われた筋線維の束は筋束とよばれ、筋束が太くなると、皮下脂肪が厚くなければ、皮膚の上からその形状が浮き出て見えるようになる。骨格筋は皮下脂肪とともに体型の構成要素となり、骨格筋が太くなるほどたくましい体型になる。

骨格筋は筋肉によって形状が異なり、それが太い腕や厚い胸板といった特徴的な形状を作り出す。骨格筋の数にほとんど個人差は見られないものの、骨格筋の大きさには個人差がある。また、骨格筋は食事や運動によって人為的に筋肉を大きくすることが可能であり、それがさらに大きな個人差へとつながっている。

骨格筋が大きくなることを一般的に「筋肥大」とよび、筋肉の体積が増えて断面積が太くなれば、原則的に筋力も比例して強くなる。

筋肉が筋肥大するしくみ

骨格筋が成長して大きくなる筋肥大は、基本的に筋肉の体積が大きくなり、筋肉の断面積（筋断面積）も太くなる。

筋原線維の数が増えることで筋線維が太くなり、筋線維が太くなることで筋肉の体積が大きくなる。また筋線維の細胞質である**筋形質**（※筋原線維以外の筋形質）も肥大する場合があるといわれている。

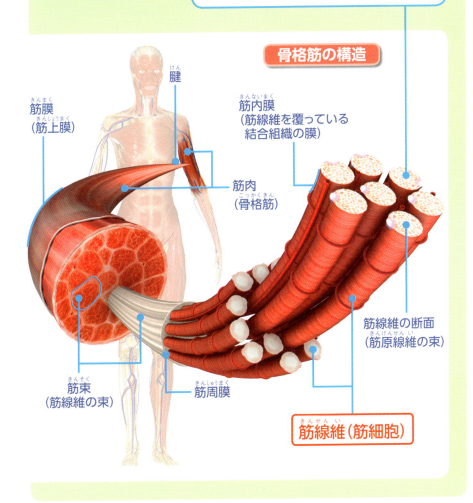

タンパク質とアミノ酸

筋肉にとってタンパク質は最も関わりの深い重要な栄養素。タンパク質は有機化合物であるアミノ酸で構成され、タンパク質の最小単位がアミノ酸である。

人体に不可欠なタンパク質

成人した人体は、個人差はあるものの体重の15%前後がタンパク質といわれている。標準的な成人男性であれば体には10kg前後のタンパク質が含まれていることになる。

最もタンパク質を多く含んでいるのが骨格筋であり、体に含まれるタンパク質の半分以上が筋肉に集まっている。タンパク質は骨格筋以外にも、内臓や皮膚、毛髪、体毛、爪にいたるまで、さまざまな形で人体の構成要素となっている。さらに、体内で働く酵素やホルモンの重要な材料としても使われている。

人体には少なくとも約3万種類のタンパク質の存在が確認されていて、それぞれ異なる機能や特徴をもっている。すべてのタンパク質が、わずか**20種類のアミノ酸**からなり、タンパク質の種類によってアミノ酸の組み合わせも異なる。

有機化合物であるアミノ酸は、体内だけでなく、自然界にも存在するタンパク質の最小単位である。

骨格筋を動かすタンパク質

筋線維（筋細胞）を構成する筋原線維は、タンパク質からなるサルコメア（筋節）で構成されている。

サルコメアは主に収縮タンパク質であるミオシンとアクチンが規則正しく重なり合ったものであり、この2つの収縮タンパク質の働きによって筋肉が収縮し、**筋張力（筋肉が骨を引っ張る力）**が発揮される。

サルコメアが増えることで筋原線維の数が増加し、筋肥大につながる。

アミノ酸とペプチド

アミノ酸は結合するとタンパク質になるが、2〜100個程度のアミノ酸結合物はタンパク質と分類して**ペプチド**とよばれる。タンパク質と同様に各種ペプチドにもさまざまな機能があり、健康増進に作用するペプチドはサプリメントにもなっている。

食物として摂取した場合、アミノ酸や結合数の少ないペプチドは、タンパク質より**消化吸収が速い**。

筋原線維を構成するタンパク質（サルコメア）

❶ ミオシン（収縮タンパク質）
　…約60％

❷ アクチン（収縮タンパク質）
　…約20％

❸ タイチン（構造タンパク質）
　…約10％

筋原線維は、主に太い収縮タンパク質であるミオシンと、細い収縮タンパク質のアクチンが重なり合って構成されている。

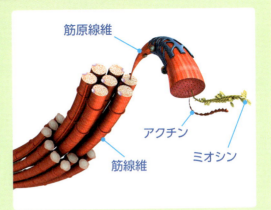

アミノ酸を構成する元素

タンパク質を構成するアミノ酸は、糖質や脂質と同じように、炭素（C）、水素（H）、酸素（O）を含んでいる。しかし、窒素（N）を含んでいるのはアミノ酸およびタンパク質のみとなる。アミノ酸は連結している側鎖により種類が分かれる。

タンパク質とアミノ酸の関係

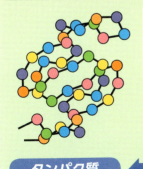
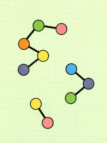
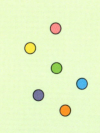

タンパク質 ← 結合 ─ **ペプチド** ← 結合 ─ **アミノ酸**

- タンパク質：100個程度以上のアミノ酸が結合したもの
- ペプチド：2～100個程度未満のアミノ酸が結合したもの
- アミノ酸：タンパク質の最小単位

序章　筋肉の成分と筋肥大のしくみ

必須アミノ酸と非必須アミノ酸

自然界には500種類もの異なるアミノ酸が存在しているが、人間の体はわずか20種類のアミノ酸からタンパク質を合成することによって作られている。

必須アミノ酸＝食事で摂取

人体のタンパク質を構成する20種類の「アミノ酸」は、9種類の「必須アミノ酸」と、11種類の「非必須アミノ酸」に分類される。

20種類のアミノ酸のうち、ひとつでも欠けていたらタンパク質は合成できない。20種類すべてが人間にとって不可欠な栄養素である。

必須アミノ酸は、体内で十分な量を合成することができず、食事で摂る必要があるアミノ酸。

肉や魚、穀物などさまざまな食材に必須アミノ酸は含まれているが、必須アミノ酸9種類の含有量のバランスは食材によって異なる。すべての必須アミノ酸をバランス良く含んでいる食材が筋肉の材料にもなる良質なタンパク源となる。

必須アミノ酸の種類と主な働き

種類	アミノ酸	主な働き	性質
必須アミノ酸（9種類）	バリン	筋肉中の組織で代謝され、筋肉の成長に関わる。血液中の窒素バランスを調整する作用もある。	中性
	ロイシン	タンパク質の合成に深く関わり、筋肉の成長や維持において重要なアミノ酸。肝機能を向上させる作用もある。	中性
	イソロイシン	バリン、ロイシンとともにBCAA（分岐鎖アミノ酸）に分類。肝機能を向上させる作用もある。	中性
	メチオニン	肝機能を向上させる作用をもつ。アレルギーを引き起こすヒスタミンを抑制する作用もある。	中性
	リジン	免疫抗体、ホルモン、酵素などの材料となる。骨をはじめとする組織の修復にも関わる。	塩基性
	フェニルアラニン	筋肉の成長にも関わる神経伝達物質のドーパミンやノルアドレナリンの材料となる。	中性
	トリプトファン	精神の安定に働く神経伝達物質セロトニンの材料となる。睡眠を快適にする作用もある。	中性
	スレオニン	人体の成長を促進する作用がある。肝臓への脂肪蓄積を抑制する働きも。別称トレオニン。	中性
	ヒスチジン	人体の成長に関わる。体内で分解されて神経伝達物質のヒスタミンに変化する。1985年に必須アミノ酸と認定された。	塩基性

非必須アミノ酸＝体内合成

非必須アミノ酸は、**体内で合成することが可能なアミノ酸。**

基本的に食事から摂らなくても合成される量で間に合うが、重要な働きを担うアミノ酸が多く、食事からも摂ることが望ましい場合もある。

また、グルタミンやアルギニンは状況によって大量に消費されると、食事からの摂取が必要となるため、「準必須アミノ酸」ともいわれる。その個別の働きが注目され、サプリメント商品にもなっている。

それぞれのアミノ酸がもっている電荷（電気量）によって、アミノ酸の性質は酸性、塩基性、中性に分けられるが、一般的にはアミノ酸を摂取する際に、性質を気にする必要は特にないと考えられる。

序章

筋肉の成分と筋肥大のしくみ

非必須アミノ酸の種類と主な働き

種類	アミノ酸	主な働き	性質
非必須アミノ酸（11種類）	アルギニン	成長ホルモンの分泌を促進するため、脂肪燃焼を促す作用がある。状況により体内で合成される量だけではやや不足しやすいことから「準必須アミノ酸」ともいわれている。	塩基性
	グリシン	皮膚のコラーゲンを構成しているアミノ酸のひとつ。眠りを深くする作用もある。	中性
	アラニン	エネルギー源となるグルコースの生成に働くアミノ酸。肝機能の働きを維持するエネルギー源としても利用される。	中性
	セリン	肌の角質層に最も多く存在し、肌の潤いを保つ作用がある。脳の神経細胞の材料でもある。	中性
	チロシン	代謝を促進させる甲状腺ホルモンの材料となる。神経伝達物質であるアドレナリンやドーパミン、毛髪などの黒色色素であるメラニンの材料でもある。	中性
	システイン	毛髪や体毛、爪に多く含まれる。黒色色素でシミの原因になるメラニン色素の生成を抑える作用もある。	中性
	アスパラギン	有害なアンモニアを体外へ排出する作用を促して疲労回復を促進させる働きがある。	中性
	グルタミン	遊離アミノ酸の約60％を占める。体内に最も多く存在するアミノ酸。胃腸のエネルギー源となる。筋肉の疲労回復にも働く。「準必須アミノ酸」ともいわれる。	中性
	プロリン	コラーゲンの主要な構成成分のひとつとしてコラーゲン合成に作用し、皮膚を再生する。	中性
	アスパラギン酸	乳酸の分解を促進してエネルギー代謝を促進する。有害なアンモニアを体外へ排出して疲労回復にも働く。うま味成分でもあり、さまざまな食品に含まれている。	酸性
	グルタミン酸	脳内の神経伝達物質の材料となり、脳の働きを活発にする。うま味成分のひとつとして化学調味料にも使われる。	酸性

タンパク質の分解と吸収

食事からの摂取が必要となる必須アミノ酸は、さまざまな食材からタンパク質として取り込まれ、体内でタンパク質の最小単位であるアミノ酸に分解される。

タンパク質を胃と腸で分解

食事で摂取したタンパク質は、そのまま体のタンパク質になるわけではない。体内で**タンパク質の最小単位であるアミノ酸**まで分解されてから吸収される。吸収されたアミノ酸は血管を通って肝臓から全身へ運ばれ、そこでやっと体に必要なタンパク質の材料として使われる。

アミノ酸への分解はいくつもの段階を経て行われるため、食事でタンパク質を摂取しても、実際に吸収されるまでには時間を要する。また、各食材に含まれる成分によってもタンパク質の吸収速度に差が出る。

ペプチドからアミノ酸に

タンパク質を食材から摂取すると、咀嚼（そしゃく）された食材が食道を通って胃に入り、胃液に含まれるタンパク質分解酵素のペプシンによってタンパク質が**プロテオース**と**ペプトン**に分解される。そこから十二指腸へ送られると、膵液（すいえき）に含まれる消化酵素のト

リプシン、キモトリプシン、エラスターゼ、カルボキシペプチダーゼなどによりポリペプチドを経て**オリゴペプチド**やアミノ酸まで分解される。

さらに、小腸へ送られたオリゴペプチドは、小腸粘膜に存在する上皮細胞の微絨毛膜（びじゅうもうまく）で消化酵素のアミノペプチダーゼやジペプチダーゼによって**アミノ酸**または**トリペプチド**、**ジペプチド**へと分解され、上皮細胞に吸収される。これを**膜消化**（まくしょうか）という。（※タンパク質が吸収される際は、2～3個のアミノ酸が結合したペプチドの状態でも一部吸収される）

主なペプチドの種類

ポリペプチド	10～100個程度のアミノ酸が結合したペプチド
オリゴペプチド	5～10個未満のアミノ酸が結合したペプチド
トリペプチド	3個のアミノ酸が結合したペプチド
ジペプチド	2個のアミノ酸が結合したペプチド

摂取したタンパク質の分解と吸収

タンパク質

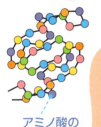
アミノ酸の結合図

食道

❶ 胃

胃に入ったタンパク質は、胃液によって分解され、プロテオースとペプトンになる。

▼分解されたタンパク質の状態

プロテオース、ペプトン

❷ 十二指腸

十二指腸に送られたプロテオースとペプトンは、膵液に含まれる消化酵素によってオリゴペプチドまで分解される。

▼分解されたタンパク質の状態

オリゴペプチド

❸ 小腸

上皮細胞の絨毛

小腸に送られたオリゴペプチドは、膜消化によってさらに分解され、トリペプチドやジペプチド、最小単位のアミノ酸となり、小腸粘膜の上皮細胞から吸収される。

▼分解されたタンパク質の状態

トリペプチド
ジペプチド
アミノ酸

❹ 肝臓

小腸で吸収されたアミノ酸は、血管を通って肝臓に運ばれる。アミノ酸は肝臓から全身の各組織へ送られて、体に必要なタンパク質の材料となる。

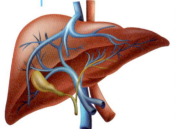

序章　筋肉の成分と筋肥大のしくみ

筋肥大のしくみ

骨格筋は筋トレと食事を組み合わせることで、人為的に筋肉を大きくすること（筋肥大）が可能となる。筋肥大するためにはいくつかの必要条件がある。

筋肉にストレスを与える

筋トレで骨格筋（以下「筋肉」と表記）が**筋肥大**することは広く一般的に知られている。正確にいうと筋トレではなく、筋肉へストレスを与えることが筋肥大につながる。筋肉が強いストレスを受けると、そのストレスから守るために、筋肉をより強くしようとする反応が起こる。

筋トレによる強いストレス

筋肉は筋トレによって異なるストレスを同時に受ける。主なストレスとして、以下の4つが挙げられる。

①強い筋張力（筋力）の発揮

筋トレでは筋肉に負荷をかけ、筋肉はその負荷に抵抗して**強い筋張力（筋力）**を発揮する。それが筋肉のストレスとなり、筋肥大を促すシグナルとして脳に伝達される。

②筋線維の微細な損傷

負荷に対し、筋肉が強い筋張力を発揮して**収縮（筋収縮）**すると、筋肉には微細な損傷が生じる。この損傷も筋肥大を促すシグナルとなる。これは損傷によって起きる免疫反応などを経て、筋線維のもととなるサテライト細胞の増殖が促されるため。

③無酸素性代謝物の蓄積

筋肉が負荷に抵抗して何度も収縮すると、血液中に乳酸や一酸化窒素、水素イオンといった**無酸素性のエネルギー供給**にともなう代謝物が蓄積していく。その蓄積が筋肉のストレスとなり、筋肥大を誘発する成長ホルモンの分泌が促進される。

④筋肉を低酸素状態にする

筋肉に力を入れた緊張状態が続くと、筋肉への酸素供給が不足し、筋肉が低酸素状態となる。酸素不足の状態では、主に酸素を使ってエネルギー代謝を行う遅筋線維が疲労しやすくなり、酸素を使わずにエネルギー代謝を行う**速筋線維**も動員される。また、速筋線維が働くことで無酸素性代謝物の蓄積も通常より多くなる。

筋トレによって筋肥大するしくみ

筋トレの負荷が筋肉にとってのストレスとなる。

❶ 筋肉に強いストレスがかかる

筋トレで筋肉に負荷を与えることにより、筋肉には「強い筋力（筋張力）の発揮」「筋線維の微細な損傷」「無酸素性代謝物の蓄積」「酸素供給量の不足（低酸素状態）」といったストレスがかかる。

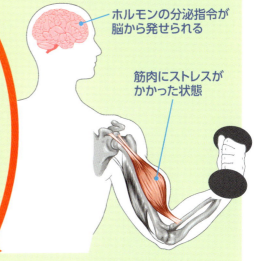

ホルモンの分泌指令が脳から発せられる

筋肉にストレスがかかった状態

❷ ホルモンの分泌が促進される

筋肉にストレスがかかっている状態を脳が感知すると、成長ホルモンやテストステロンなど筋肉の成長を促進させるホルモンを分泌する指令が脳から出る。これは筋肉を成長させてストレスから守ろうとする生理反応。

❸ タンパク質合成が促進される

筋肉が受けたストレスや分泌されたホルモンの働きによって筋肉の合成（筋タンパク質合成）が促進される。筋タンパク質合成には、主に食事で摂取したタンパク質が材料として使われる。

▼筋タンパク質合成の材料

筋肉が合成される

❹ 筋線維が太くなる（筋肥大）

成長ホルモンの働き

筋肥大の促進には成長ホルモンの分泌が重要となる。成長ホルモンは加齢とともに減少するが、運動や筋トレによって分泌量を増やすことが可能となる。

成長ホルモンは増やせる

「**成長ホルモン**」は、脳の脳下垂体前葉から分泌され、タンパク質の同化作用（合成）や骨の発達を促して体を成長させるホルモン（生理活性物質）。191個のアミノ酸が結合したタンパク質の一種である。

一般的に、成長ホルモンの分泌量は10代でピークを迎え、20代以降は加齢とともに減少する。ピークから大きく減少する人もいれば、少しずつ緩やかに減少する人もいて、分泌量には個人差が見られる。

ただし、成長ホルモンの分泌量は成長期のピークを過ぎても、**人為的に増やせる**ことが分かっている。特に有効となるのが運動やトレーニングであり、**高強度の筋トレ**も成長ホルモンの分泌を促進させる。

筋トレと成長ホルモンの関係

男性グループがウエイトトレーニングを20分間行ったところ、血中成長ホルモンのレベルは、いずれも通常時より高く上昇した。

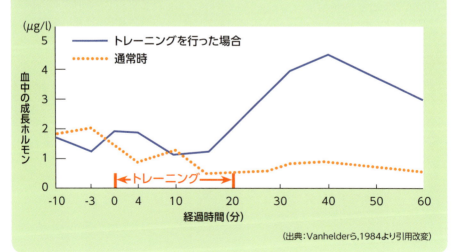

（出典：Vanhelderら,1984より引用改変）

筋タンパク質合成を促す

成長ホルモンの体を成長させる作用は、主に**IGF-1（インスリン様成長因子-1）**を介して行われる。

IGF-1とは、インスリンに似た構造をもつ成長因子で、成長ホルモンが肝臓に働きかけることにより合成・分泌される。

たとえば、筋トレを実施して成長ホルモンの分泌量が増加した場合、それにともなってIGF-1の産生も増えるため、IGF-1を介して筋肉の合成が促進される。

つまり成長ホルモンの分泌量が増え、筋タンパク質合成の反応が高くなっている時を狙って、筋肉を合成するための材料となるタンパク質を摂取すれば、筋トレによる筋肥大効果を高めることができる。

成長ホルモンの多面的な働き

成長ホルモンは筋肥大を促進させるだけでなく、多面的な働きで体作りに貢献している。

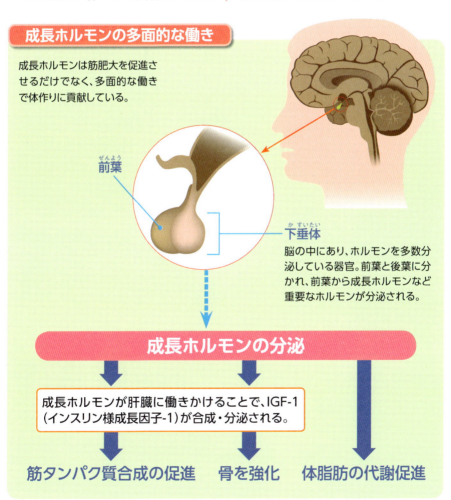

前葉

下垂体
脳の中にあり、ホルモンを多数分泌している器官。前葉と後葉に分かれ、前葉から成長ホルモンなど重要なホルモンが分泌される。

成長ホルモンの分泌

成長ホルモンが肝臓に働きかけることで、IGF-1（インスリン様成長因子-1）が合成・分泌される。

筋タンパク質合成の促進　骨を強化　体脂肪の代謝促進

テストステロンの働き

男性ホルモンの代表格であるテストステロンも筋肥大にとって重要なホルモン。テストステロンの分泌量を増やす薬剤はドーピングの対象となっている。

体を男性化させるホルモン

　男性ホルモン（アンドロゲン）は、男性の場合、主に精巣（睾丸）から分泌されるが、副腎（左右の腎臓上部を覆っている内分泌器官）からも少量分泌される。男性ホルモンの中でも「テストステロン」は、最も体の男性化に関わっている。

　テストステロンは女性も卵巣から分泌されるが、分泌量は男性のわずか5％程度。男性より女性の筋肉量が少ないのも、テストステロンの分泌量が関係している。逆に男性の体にも女性ホルモンは存在し、テストステロンの一部が女性ホルモンのエストロゲンに変化する。

　テストステロンの原料は脂質のひとつであるコレステロール。有害なイメージが強いコレステロールも、体内で不足した状態になるとテストステロンの生成に影響が出る。

　一般的に、テストステロンの分泌量は20代でピークを迎え、その後加齢とともに減少するが、かなり個人差があり、なかには中高年になっても分泌量が20代の頃とあまり変わらないという人もいる。

　統計的に肥満や運動不足、睡眠不足、過度な飲酒といった不健康な生活習慣でも分泌量が減少する傾向にあるため、筋トレや運動を続けることはテストステロンの減少を防ぐ効果があると考えられる。

　体を男性化させるテストステロンの主な働きは、筋肉や骨格の増強、髭や体毛の増加、性欲の向上など。筋肥大に大きく貢献するが、その役割は成長ホルモンとやや異なる。

　テストステロンは筋線維の表面にある**筋サテライト細胞**を活性化し、筋線維を太く成長させる作用に貢献する（→詳細はP.22〜23参照）。

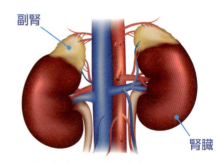

アンドロゲンをはじめ副腎で産生されるホルモンを副腎皮質ホルモンとよぶ。

男性ホルモンと女性ホルモン

ステロイドホルモン

- **アンドロゲン（男性ホルモン）**
  - ジヒドロテストステロン
  - デヒドロエピアンドロステロン
  - **テストステロン**
    心身を男性化させるホルモン。ステロイドホルモンの中で最も筋肥大を促進させる作用をもつ。女性にも男性の5〜10％程度のテストステロンが分泌されている。
- **エストロゲン（女性ホルモン）**

アナボリックステロイド
※テストステロンのタンパク質同化作用（合成作用）だけを強化した合成ステロイド。筋肉増強剤としてドーピングの対象となっている。

テストステロンの主な働きと特徴

成分	コレステロール（脂質の一種）
主な働き	●筋肉量の維持・増加（タンパク質の同化を促進） ●骨量の維持・増加（骨格の男性化） ●性欲の維持・増進 ●気力を充実させる（精神を安定させる）
分泌量	20〜30歳の時期に最も多く分泌され、30歳を過ぎると加齢とともに分泌量は減少する傾向にあるが、ピーク時からの減少量や減少ペースはかなり個人差がある。
生産・分泌に関わる栄養素	●脂質 ●ビタミンDなど

序章　筋肉の成分と筋肥大のしくみ

筋サテライト細胞

テストステロンの分泌によって活性化する筋サテライト細胞は、筋原線維の数を増やすのではなく、筋線維（筋細胞）の細胞核を増やして筋肥大に貢献する。

筋サテライト細胞の働き

筋線維の表面に点在している「筋サテライト細胞」は、筋トレや運動による筋線維の微細な損傷や、テストステロンの分泌といったシグナルを受けると、活性化して筋線維の損傷を修復し、筋線維をより強く、より太く成長させる役割を果たす。

筋サテライト細胞は、細胞分裂して自分と同じ細胞を作る幹細胞。活性化した筋サテライト細胞が細胞分裂をすると、分裂したそれぞれの細胞が筋芽細胞（筋線維のもととなる細胞）となる。そこから筋芽細胞が融合して筋管細胞（複数の細胞核をもつ多核細胞）となり、筋管細胞が筋線維（筋細胞）と融合することで、筋線維の損傷が修復される。

細胞核の増加と筋肥大

多核細胞である筋管細胞を取り込んだ筋線維は、細胞核（筋核）の数が増えた状態に。これが筋原線維の増加や筋形質の肥大を促し筋肥大につながる。

筋線維は長さが数センチにも及ぶ大きな細胞で、複数の細胞核をもつ多核細胞。細胞核の中には遺伝子があり、タンパク質を合成して筋線維を太くする最初の反応はこの細胞核の中にある遺伝子で起こる。

これまでの研究で、ひとつの細胞核が支配できる細胞の体積には上限があると考えられているため、ひとつの筋線維が肥大できるサイズにも上限があると仮定できる。

この上限を超えてさらに筋線維を肥大させるためには、筋線維に含まれる細胞核の数を増やす必要がある。実際に動物実験では、負荷を与えることにより肥大した筋線維で細胞核数の増加が認められている。

つまり筋サテライト細胞が筋線維の細胞核を増やすことで、筋タンパク質合成の反応が高まり、筋線維も上限を超えて肥大していく。

筋線維に与えるダメージが大きい高強度の筋トレでは、筋サテライト細胞が活性化しやすくなるため、筋肥大効果を得るには有効となる。

筋サテライト細胞が活性化する主な条件

① 筋肉にストレスを与えて筋線維を損傷させる
② 筋肉の材料となるタンパク質を摂取する

筋サテライト細胞と筋肥大の関係

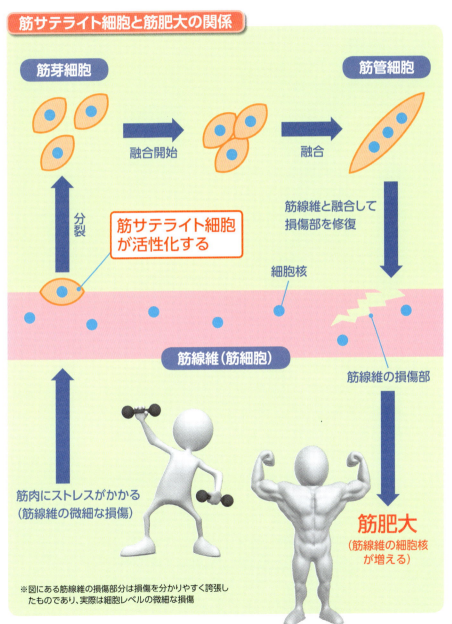

※図にある筋線維の損傷部分は損傷を分かりやすく誇張したものであり、実際は細胞レベルの微細な損傷

速筋線維と遅筋線維

筋線維（筋細胞）には速筋と遅筋という2つのタイプがあり、特徴が異なる。筋肥大しやすいタイプの筋線維を狙って鍛えると筋肉は効率よく大きくなる。

速筋線維と遅筋線維

筋肉（骨格筋）の筋線維は、瞬発系の**「速筋線維」**と、持久系の**「遅筋線維」**に分けられる。さらに速筋線維の中でもやや遅筋線維に近いタイプは「中間型」に分けられる。

速筋線維と遅筋線維の比率は各筋肉によって異なり、同じ筋肉でも人によってやや比率の違いが見られる。

基本的に比率はほぼ半々となっているが、なかには速筋タイプの筋肉や遅筋タイプの筋肉もある。筋線維の比率は先天的に決まり、トレーニングや運動を続けてもほとんど変化することはない。しかし、速筋線維の中で速筋型が中間型（またはその逆）に変化することは比較的多い。

速筋タイプと遅筋タイプでは、エネルギーの代謝から筋肥大の反応にいたるまで性質がかなり異なる。

脂肪を燃やす遅筋線維

人間には、筋張力（筋力）を発揮する時、**筋肉の遅筋線維から動員す**る性質がある。これは遅筋線維が酸素を使ってエネルギー代謝を行うため。また、**遅筋線維が脂質（脂肪）をエネルギー源として優先的に利用するのに対し、速筋線維は糖質がエネルギー源**。ダイエットに有酸素運動が効果的なのも、遅筋線維が脂肪を燃焼してエネルギー代謝を行うため。しかし、遅筋線維には速筋線維より筋肥大しにくい性質がある。

筋肥大しやすい速筋線維

筋肉に力を入れた緊張状態が続くと、筋肉への酸素供給が不足し、無酸素性エネルギー供給に優れた速筋線維が遅筋線維より働きやすくなる。

筋トレをはじめとする瞬発系の無酸素運動では主に無酸素性のエネルギー代謝が行われるため、乳酸などの無酸素性代謝物が蓄積し、筋肥大を誘発するシグナルとなる。

加圧トレーニングなどは、筋肉を低酸素状態に追い込み、筋肥大しやすい速筋線維の動員を狙ったトレーニングである。

速筋線維と遅筋線維の性質

筋線維タイプ 性質	遅筋線維 TypeⅠ型線維 （SO）	速筋線維 TypeⅡa型線維 （FOG：中間型）	速筋線維 TypeⅡb型線維 （FG：速筋型）
筋の色	赤	赤（ピンク）	白
単収縮の速度	遅	速	とても速い
筋持久力	高	中間	低
筋疲労	遅	中間	速
筋線維径	小	中間	大
ATP(アデノシン三リン酸)の供給	酸化的リン酸化	酸化的リン酸化と解糖	解糖
ミトコンドリア密度	高	中間	低
ミオグロビン量	高	中間	低
毛細血管	密	密	粗
グリコーゲン含有量	低	中間	高
解糖系酵素活性	低	中間	高
ミオシンATP加水分解酵素活性	低	高	高
筋肥大	しにくい	中間	しやすい

速筋タイプの主な筋肉

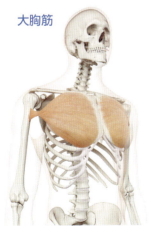

大胸筋

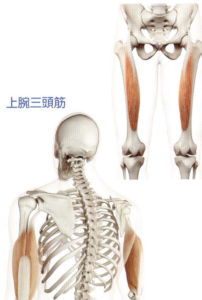

上腕三頭筋

大腿直筋
（大腿四頭筋）

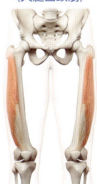

外側広筋
（大腿四頭筋）

厚い胸板、太い腕や太腿を構成する筋肉の多くは遅筋線維より速筋線維が多い。

序章　筋肉の成分と筋肥大のしくみ

年齢と筋肥大の関係

肉体は加齢とともに衰えるが、筋肉は何歳になっても成長させることができる。
若い世代に限らず、中高年世代でもしっかり体を鍛えれば筋肥大を目指せる。

筋肥大と年齢の関係

一般的に、人体の筋肉量は30代に入ると加齢によって減少し、年々減り続けるといわれている。さらに、年齢とともに成長ホルモンやテストステロンの分泌量も減少するため、中高年世代になると筋肉は成長することが難しくなっていく。ただし、これは運動習慣がない人の場合。

これまでの研究では、加齢による筋タンパク質合成の反応低下が報告されている。しかし、その一方で高齢者でも筋トレによって筋肥大効果を得られたという実験結果も出ている（Fronteraら,1988）。

筋肉隆々の肉体を誇る高齢の現役ボディビルダーが数多く活躍していることも考えると、筋肥大する程度やペースこそ若い頃より落ちるものの、しっかり鍛えれば、**年齢に関係なく筋肥大は可能**といえるだろう。

高齢者の筋トレによる筋肥大効果

複数の高齢者が膝の屈伸トレーニングを続けた結果、全体的に太腿の筋肉が肥大した。

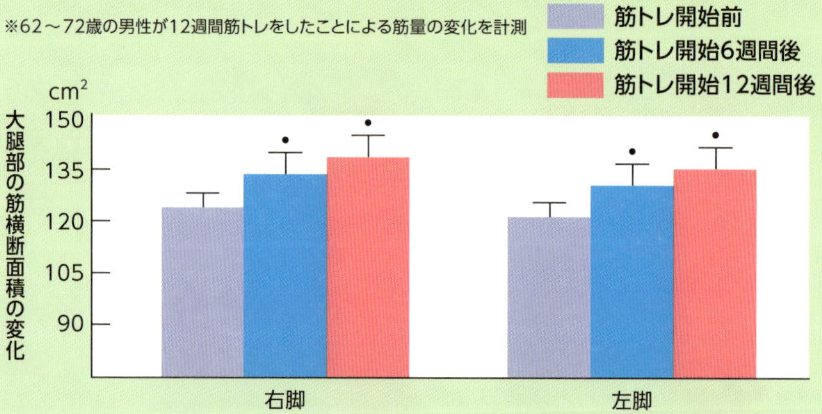

※62〜72歳の男性が12週間筋トレをしたことによる筋量の変化を計測

■ 筋トレ開始前
■ 筋トレ開始6週間後
■ 筋トレ開始12週間後

大腿部の筋横断面積の変化 cm^2

• ：筋トレ開始以前と比べて有意に増加（$P<0.05$）　　（Fronteraら,1988より引用改変）

第 1 章

食事と 三大栄養素

食事の基本は、三大栄養素(糖質、脂質、タンパク質)を中心に必要な栄養とカロリー(エネルギー)を摂取すること。バランスの良い食生活が筋肥大を目指す体作りの土台となる。

食事と栄養バランス

体づくりの基本は栄養バランスの取れた食生活。筋肥大のためにも健康維持のためにも食事で五大栄養素＋食物繊維をしっかり摂ることが重要となる。

栄養の正しい摂り方

人間にとって食事は生命維持のために必要なエネルギーや栄養素を摂取できる唯一の手段。食事の内容によって体型も健康状態も変わってくる。筋肉の成長にとっても、食事は筋トレと同じぐらい重要である。

食事で最も大切となるのが栄養バランス。糖質、脂質、タンパク質、ビタミン、ミネラル、食物繊維といった主要な栄養素を日々まんべんなく摂取することが基本となる。

各栄養素は複雑に絡み合い、お互いを助け合ってそれぞれの働きを高めたり、補助したりする関係にあるため、食事の栄養バランスが偏っていては、摂取した栄養素の働きも十分に発揮されない。

また、特定の栄養素を一度にたくさん摂っても過剰分は栄養とならない。なかには摂りすぎると体に悪影響を及ぼす栄養素もあるので注意する。各栄養素の摂取基準は、厚生労働省が発表している『日本人の食事摂取基準』にまとめられている。この資料はホームページで公開されているため参考にすると良い。

食事の基本構成要素

食事の基本は朝・昼・晩の3食を食べること。この3食で「五大栄養素」（下図参照）と「食物繊維」をバランス良く摂ることが理想となる。

食事構成は、糖質（炭水化物）を摂る主食、タンパク質と脂質を摂る主菜（メインのおかず）、ビタミン、ミネラル、食物繊維を摂る副菜の組み合わせが基本。毎食この構成で適量を食べ、栄養価の高い乳製品と果物を1日1回摂ると栄養バランスが整う。

体を酷使するスポーツの競技者などは乳製品と果物も毎食摂ると良い。

五大栄養素

● 糖質（炭水化物）
● 脂質
● タンパク質
● ビタミン
● ミネラル

食事の基本構成

「主食」ではご飯や麺類、パンなどで糖質を摂取。「主菜」では肉、魚、卵、大豆食品などでタンパク質と脂質を摂取。「副菜」では野菜や海藻、きのこ類などでビタミン、ミネラル、食物繊維を摂る。

タンパク質・脂質を摂取

肉、魚介類（魚、イカ、タコ、エビ、貝類）

卵、大豆食品（豆腐、納豆、厚揚げなど）

主菜（メインのおかず）

主食

副菜

炭水化物を摂取

ご飯、パン、麺類、とうもろこし、芋類など

ビタミン・ミネラル・食物繊維を摂取

野菜、海藻、きのこ類、こんにゃくなど

1日1回は乳製品と果物も食べる

果物はビタミンCや食物繊維が、乳製品はカルシウムをはじめとするミネラルやタンパク質が摂れる栄養源。どちらも1日1回は摂取することが望ましい。

▼1品で多くの栄養素が摂取できる鍋料理

肉や魚、野菜、きのこ類などが入った鍋料理は、ご飯と一緒に食べたり、シメに麺を入れれば、1品で必要な栄養素が摂れる。

第1章 食事と三大栄養素

三食と間食の関係

三食で必要なエネルギーや栄養素を摂ることが食事の基本。しかし、食事だけで十分な量が摂れない栄養素は、三食以外の間食によって摂取する方法もある。

間食を食べる主な目的

一般的には、三食で五大栄養素と食物繊維をバランス良く摂っていれば、健康を維持・増進できると考えて良い。しかし、スポーツ競技者や筋肥大を目指すトレーニング愛好者（以後トレーニーと表記）になると、エネルギーや各栄養素の必要量が増え、摂取タイミングも重要となるため、三食では不十分な場合もある。

そういった時は「間食」を取り入れる。間食とは、三食の合間に食べる追加の食事。基本的には三食に比べて少量となる。競技者やトレーニーが間食を摂る目的は主に3つ。

1つ目は「運動前後のエネルギー補給」。空腹状態では質の高いトレーニングができないため、食事から時間が空きすぎた時は、運動前に糖質を摂る必要がある。ただし運動の直前ではなく、消化吸収時間を考慮して1〜2時間前を目安に食べる。

次が「増量のためのカロリー摂取」。増量したいのに三食だけではなかなか体重が増えないという場合、間食を取り入れることによって1日の総摂取カロリー量を増やす。

そして最後が「タンパク質摂取量の補助」。筋力アップを目指す競技者も筋肥大を目指すトレーニーも筋肉の材料であるタンパク質の摂取が不可欠。間食でタンパク質を摂ることによって、体にタンパク質を随時補給できる。増量のための間食をタンパク質中心にすれば、増量と筋肥大を同時に狙うことも可能となる。

サプリメントの有効性

近年はサプリメントを利用する人も増えている。サプリメントは持ち運びに便利で、摂取時間も短縮できるため、間食には最適。さらに、サプリメントには「特定の足りない栄養素を狙って摂取できる」「消化吸収が速い」といった食事では難しいメリットもあるため、競技者やトレーニーの強い味方となっている。

しかし、間食もサプリメントもあくまで三食の補助的存在であるため、依存しすぎないように注意しよう。

栄養素&エネルギー摂取の三本柱

三食(朝食・昼食・夕食)

主な目的
- 日常生活に必要なエネルギーを摂取
- 健康の維持・増進に必要な栄養素を摂取
- 体を成長させるための栄養素(材料)を摂取

食事は朝食・昼食・夕食の三食で必要なエネルギーと栄養素を摂るのが基本。食事の内容も主食、主菜、副菜、さらに乳製品、果物をバランス良く食べる。

↑補助　　　↑補助

間食(補食)

主な目的
- 運動前後のエネルギー補給
- 増量のためのカロリー摂取
- 筋肥大するために必要となるタンパク質摂取量の補助

運動前に糖質(炭水化物)を摂取してエネルギー補給したり、三食の合間に卵や鶏肉を食べて筋肥大に必要なタンパク質摂取量を確保したりする場合に間食は有効。体重を増やしたいという人にも効果的となる。

サプリメント

主な目的
- 足りない特定の栄養素の摂取
- 筋トレ直後のタンパク質補給
- 筋肥大するために必要となるタンパク質摂取量の補助

サプリメントも間食として利用しやすい。「時間や場所を選ばずに摂れる」「特定の栄養素を狙って摂取できる」「消化吸収が速い」といった優れた特長をもつ。筋トレ直後に消化吸収の速いプロテインでタンパク質を摂取すれば筋肥大効果を高められる。

運動前、筋トレ前のエネルギー補給に間食は役立つ

筋トレ直後のタンパク質摂取にサプリメントは手軽で便利

第1章　食事と三大栄養素

三大栄養素の働き

人間にとって最も重要となる栄養素が、糖質（炭水化物）・脂質・タンパク質の三大栄養素。食事の摂取カロリーはこの3つの栄養素のカロリー合計である。

三大栄養素はエネルギー源

「三大栄養素（糖質・脂質・タンパク質）」は、3つに共通する役割と、異なる働きをもっている。

共通の役割として、いずれも**生命維持や体を動かすためのエネルギー源**となる。主に体内に蓄えられた糖質と脂質が優先的にエネルギー源として代謝され、**糖質が不足すると、それを補う形で筋肉に含まれるタンパク質がエネルギー源となる。**

異なる働きとしては、まず糖質は脳や神経細胞のエネルギー源でもあり、脳の働きに不可欠。脂質は重要なホルモンや細胞膜の材料であり、タンパク質は筋肉をはじめとする体すべての材料となる。

日々の食生活では、三大栄養素をただ摂取するだけでなく、3つの摂取バランスを調整することも大切となる。（※→P.69～第3章参照）

運動時にエネルギー源として利用される優先順位

エネルギー源

❶糖質
筋肉に蓄えられた筋グリコーゲンが優先的にエネルギー源として利用される。その後次第に血液中のグルコースも利用される。
※ほぼ同時の場合もある

❶脂質
血液中のグルコースとともに筋肉中の脂肪や血中脂肪もエネルギー源となる。その次に内臓脂肪や皮下脂肪が利用される。
※ほぼ同時の場合もある

❷タンパク質
体内の糖質が不足すると、それを補う形で筋肉に含まれるタンパク質がアミノ酸に分解され、エネルギー源として利用される。

三大栄養素の働きと特徴

	糖質	脂質	タンパク質
主な働き	●エネルギー源となる ※脳や神経細胞、赤血球は単糖類のグルコース（ブドウ糖）をエネルギー源とする	●エネルギー源となる ●ホルモンの材料となる ●細胞膜の成分	●筋肉、臓器、皮膚、毛髪、爪、酵素、抗体などの材料となる ●補助的なエネルギー源
主な構成分子	単糖類	脂肪酸	アミノ酸
貯蔵形態	●筋肉（筋グリコーゲン） ●肝臓（肝グリコーゲン） ●血中（血糖）	●皮下組織（皮下脂肪） ●腹腔内（内臓脂肪） ●血中	●アミノ酸プール （血中、筋肉をはじめとする各組織中の遊離アミノ酸）
エネルギー（カロリー）	1gあたり4kcal	1gあたり9kcal	1gあたり4kcal
摂取基準（※成人男性）	1日330〜430g （※炭水化物として）	1日59〜88g	1日60g
過剰摂取のリスク	●肥満 ●糖尿病 ●動脈硬化　など	●肥満 ●動脈硬化 ●心筋梗塞　など	●内臓疲労（肝臓・腎臓） ●カルシウムの排泄促進 ●体脂肪の増加　など
不足時のリスク	●思考力の低下 ●集中力の低下 ●持久力の低下 ●疲労感　など	●体力の低下 ●脂溶性ビタミンの吸収率低下 ●生殖機能の低下 ●血管や組織の劣化　など	●筋力の低下 ●筋肉量の減少 ●骨量の減少 ●貧血、免疫力の低下 ●肌荒れ ●成長障害（子ども）　など
含有量の多い食材	米、小麦、とうもろこし、芋類、果物、砂糖　など	肉（脂身）、魚介類（脂身）、ナッツ類、乳製品、食用油　など	肉、魚介類、卵、乳製品、大豆　など

第1章　食事と三大栄養素

※摂取基準の数値は厚生労働省「日本人の食事摂取基準（2015年版）」より抜粋。糖質と脂質は成人男性（身体活動レベルⅡ
※普通）の推定エネルギー必要量（2650kcal/日）に対するエネルギー比率の目標量＝炭水化物（50〜65％）、脂質（20
〜30％）より算出。

良質なタンパク質の基準

三大栄養素の中でも筋肉と直接的な関係をもつタンパク質。食事でタンパク質を摂る時は、できるだけ良質なタンパク質を含む食材を選ぶことがポイント。

良質なタンパク質の基準

　肉や魚、大豆食品、卵、乳製品など、タンパク質は数多くの食材に含まれている。タンパク質食材を選ぶ際、タンパク質の含有量を見るだけでは不十分。良質なタンパク質かどうかを見分けるひとつの基準として、「アミノ酸スコア」（→P.48 〜 49参照）も覚えておこう。

　アミノ酸スコアとは、体内で十分に合成できない必須アミノ酸の含有率を算出して点数化したもの。アミノ酸スコアが100の食材は、9種類の必須アミノ酸がバランス良く含まれている良質なタンパク源となる。

大豆は良質なタンパク源

　1985年にFAO（国際連合食糧農業機関）／ WHO（世界保健機関）／ UNU（国連大学）が算出したアミノ酸スコアでは、肉類（牛・豚・鶏）、魚類、卵、牛乳、大豆はいずれもスコア100。精白米や小麦は低いスコアとなっている。ただし、イカやタコ、エビ、カニ、貝類は、いずれもスコア70 〜 80程度であり、ここでは魚類に含まれない。

　また、大豆のスコアは当初86となっていたが、1985年に基準値が見直され、スコア100の評価に改訂。植物性タンパク質も良質なタンパク質であることが認められた。

プロテインの原料は優秀

　アミノ酸スコアには、1990年よりWHOが推奨している「PDCAAS」（タンパク質消化吸収率補正アミノ酸スコア）という新たな評価基準があり、アメリカなどではタンパク質の評価基準として定着している。

　PDCAASでは、評価基準に消化吸収率が加味され、アミノ酸の含有バランスだけでなく、そのタンパク質がどれだけ吸収され、体の中で利用されるかを評価している。プロテインの原料となる乳タンパクや大豆タンパクは満点評価。食材では卵や牛肉と並んで、ここでも大豆が高いスコアとなっている。

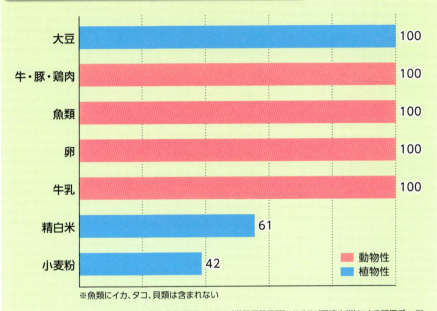

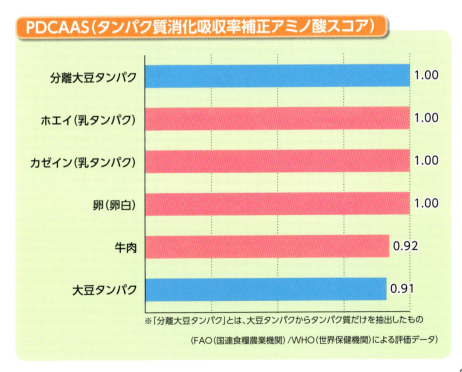

糖質の種類と特徴

糖質には、単糖類から多糖類まで異なる種類がある。それぞれの特徴を知れば、筋トレや運動に必要となるエネルギーを状況に応じて最適な形で摂取できる。

グルコースがエネルギー源

主食のご飯から摂取できる糖質は、炭水化物に含まれる。炭水化物から人の体内で消化できない食物繊維を取り除いたものが糖質である。

糖質は単糖類が最小単位。単糖類には「**ブドウ糖（グルコース）**」や果糖などがあり、糖質はすべて単糖類まで分解されてから吸収される。グルコース以外の単糖は、肝臓でエネルギー源として利用される。

さらに、2つの糖が結合した二糖類、グルコース分子が重合した多糖類などがある。多糖類のように結合した糖の数が多いと消化に時間がかかり、単糖類は消化吸収が速い。基本的に消化吸収が速いほど血糖値は急上昇する（→P.80〜81参照）。

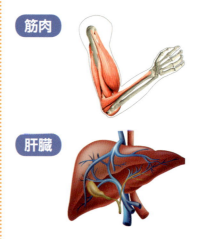

体内で分解されてグルコースとなった糖は、一定量が血糖となり、それ以外は筋肉や肝臓でグリコーゲンとして貯蔵される。

炭水化物と糖質の関係

糖質の分類と特徴

分類	消化	主な種類	構造	性質	多く含む食品	特徴
単糖類	速い ↑	ブドウ糖 (グルコース)	―	水溶性	果物、砂糖など	血液中に血糖として存在するエネルギー源。血糖値が高くなるとグリコーゲンや脂肪として貯蔵される。
単糖類		果糖 (フルクトース)	―	水溶性	果物、はちみつなど	小腸で吸収されてから肝臓に送られエネルギー源として利用される。
単糖類		ガラクトース	―	水溶性	牛乳、乳製品など	小腸で吸収されてから肝臓に送られ、グルコースに変換される。ほぼ二糖類や多糖類の一部として存在する。
二糖類		ショ糖 (スクロース)	ブドウ糖+ 果糖	水溶性	砂糖、サトウキビなど	砂糖。小腸でブドウ糖と果糖に分解されてから吸収される。
二糖類		麦芽糖 (マルトース)	ブドウ糖+ ブドウ糖	水溶性	麦芽、水飴など	小腸で2個のグルコースに分解されてから吸収される。結晶になりにくいためよく甘味料として使われる。
二糖類		乳糖 (ラクトース)	ブドウ糖+ ガラクトース	水溶性	牛乳、母乳など	小腸でグルコースとガラクトースに分解されてから吸収される。日本人は乳糖を消化できない乳糖不耐症が多い。
少糖類		オリゴ糖	単糖の 3〜10糖の 重合	※ 難消化性	大豆、味噌、甜菜、玉ねぎ、にんにく、母乳、牛乳など	消化されず大腸に届くため整腸作用がある。吸収されないためカロリーや血糖値の上昇が抑えられる。
多糖類		デキストリン	グルコース の重合	※ 水溶性	デンプンから作られる	口腔内でマルトースに、さらに小腸でグルコースに分解される。
多糖類		でんぷん (スターチ)	グルコース の重合	不溶性	穀類、芋類、豆類など	植物の貯蔵多糖。口腔内でマルトースに、さらに小腸でグルコースに分解される。
多糖類	遅い ↓	グリコーゲン	グルコース の重合	不溶性	レバー、エビ、貝類など	動物の貯蔵多糖。体内でグルコースから合成され、肝臓や筋肉に貯蔵される。摂取分はグルコースとして吸収。

※オリゴ糖には、消化吸収できる消化性オリゴ糖もある。　※デキストリンには、難消化性デキストリンもある。

第1章　食事と三大栄養素

脂質の種類と特徴

人間の体脂肪から食肉の脂身、食用油にいたるまで、すべて脂質が主成分。
水に溶けない不溶性の性質をもち、体内に多種多様な形で存在している。

脂質の重要な役割

脂質は、体脂肪（皮下脂肪、内臓脂肪、血中脂肪）として体内に蓄えられる貴重なエネルギー源。蓄えられるエネルギー量は糖質より多く、体脂肪は人間にとって欠かせないエネルギーの貯蔵庫となっている。

体脂肪の中では、血中脂肪が皮下脂肪や内臓脂肪より優先的にエネルギー源として利用される。

体内に脂質が増えすぎると肥満や疾病につながることから、脂質は悪いイメージをもたれているが、ホルモンや細胞膜などの材料であり、生体を構成する重要な役割も担っているため、適量の摂取は不可欠である。

中性脂肪とコレステロール

脂質は大きく分けて単純脂質、複合脂質、誘導脂質に分けられ、いずれにも属さないものも一部ある。

単純脂質は、グリセロール（アルコール）と脂質の主成分である脂肪酸が結合したもの。食物の中に最も多く含まれている脂質である「中性脂肪（トリアシルグリセロール）」は単純脂質に属する。食事で体内に取り込まれた中性脂肪は脂肪酸に分解されてエネルギー源となり、余剰分が体脂肪となる。

複合脂質は、単純脂質に糖やリン酸が結合した脂質で、水にも溶ける性質をもち、脂質などを血液内で運ぶリポタンパク質（→P.40 ～ 41参照）の材料などになっている。

誘導脂質は、単純脂質や複合脂質から生成される化合物。主な誘導脂質には、「脂肪酸」と「コレステロール」がある。

脂肪酸は、脂質の主成分でエネルギー源や細胞膜などの材料として使われる。炭素の結合状態などによって性質が異なり、体への作用も異なる。

コレステロールは、筋肉の成長に関わるテストステロン（男性ホルモン）などの性ホルモンや副腎皮質ホルモン、ビタミンDなどの合成材料。必要量の70 ～ 80％は体内で合成され（12 ～ 13mg/kg体重/日）、足りない分を食事から摂取している。

脂質の主な分類

脂質

単純脂質
グリセロール（アルコール）と脂肪酸が結合した脂質。

 分解 →

誘導脂質
単純脂質や複合脂質の分解などにより生じる化合物。

← 分解

複合脂質
グリセロールと脂肪酸に糖やリン酸が結合した脂質。

中性脂肪（トリアシルグリセロール）
グリセロールに3つの脂肪酸が結合した構成。食物中に最も多く含まれている脂質でエネルギーの貯蔵形態。体内では皮下脂肪や内臓脂肪として貯蔵される。

ロウ（蝋）
水を弾く性質がある保護物質。エネルギー源にならない。

糖脂質
糖と結合している脂質。グリコリピドともよばれる。脳や神経に多く存在し、細胞の分化や増殖に働く。

リン脂質
リン酸と結合した脂質。細胞膜の主成分。血液中の脂肪を運ぶリポタンパク質の膜などを構成している。

脂肪酸
炭素、水素、酸素が結合して構成される。炭素の数や結合構造によって種類が分かれ、それぞれ特徴も異なる。

コレステロール
肝臓で70〜80％前後合成され、残りは食事から摂取される。細胞膜、胆汁酸、ビタミンDおよび性ホルモンなどの材料となる。

脂肪酸の種類と性質

食物に含まれる脂質の主成分である脂肪酸は、種類によって性質が異なる。
摂取する脂質の脂肪酸を賢く選ぶことで体重や体型、健康状態も変わってくる。

飽和脂肪酸と不飽和脂肪酸

　食物から摂取する脂質の主成分である脂肪酸は、炭素・水素・酸素の分子が結合して構成され、炭素の結合状態によって**「飽和脂肪酸」**と**「不飽和脂肪酸」**に大別される。

　飽和脂肪酸は、肉類の脂身など動物性脂肪に多く含まれ、悪玉のコレステロールを増やす作用がある。摂りすぎてしまうと肥満や動脈硬化、心筋梗塞などのリスクが高まる。

　不飽和脂肪酸は、植物性の食用油や魚油に多く含まれ、悪玉コレステロールを減らす作用がある。特に不飽和脂肪酸の中でもn-6系とn-3系に属する一部の脂肪酸は、体に必要な必須脂肪酸として摂取基準が設定されている（→P.87参照）。

リポタンパク質の働き

　食事から摂取する脂質の約90％は中性脂肪（トリアシルグリセロール）である。摂取した中性脂肪は脂肪酸に分解されて小腸で吸収された後、中性脂肪に再合成され、コレステロールとともに水に溶けやすいタンパク質と結合し、カイロミクロンという**リポタンパク質**（左図参照）の粒子を形成する。

　脂質は血液に溶け込むことができないため、リポタンパク質に包まれるようにして血液に溶け込み、全身を経由して肝臓へと運ばれる。

　カイロミクロンの中の中性脂肪は全身をめぐる間に各組織で分解されて取り込まれる。余剰な中性脂肪は体脂肪として貯蔵される。

　また、肝臓でも中性脂肪やコレス

リポタンパク質の構成要素

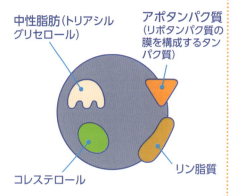

テロールの合成が行われ、そこで合成されたものの一部はVLDLというリポタンパク質によって全身の組織に運ばれ、利用される。

中性脂肪が減ったVLDLはLDL（悪玉コレステロール）となり、末梢組織へコレステロールを運ぶ。

末梢組織で余ったコレステロールは、HDL（善玉コレステロール）によって肝臓へ戻される。

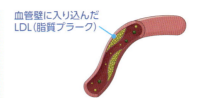

● LDL（悪玉コレステロール）
● HDL（善玉コレステロール）

LDLが増えすぎると血管壁に入り込んで酸化型LDLとなり、マクロファージ（白血球の一種）が処理に駆けつける。マクロファージは酸化型LDLを大量に取り込むと泡沫化し、血管壁に蓄積して動脈硬化を引き起こす。それに対してHDLには、余剰分のコレステロールを回収して肝臓に戻す働きがある。

脂肪酸の種類と特徴

分類	脂肪酸名	多く含む食品	融点	酸化	特徴
飽和脂肪酸	ステアリン酸、パルミチン酸、ミリスチン酸、ラウリン酸など	（動物系）バター、牛脂、ラード（植物系）パーム油、ヤシ油、ココナッツオイルなど	高い	遅い	過剰摂取すると悪玉のLDLコレステロールが増加し、動脈硬化性疾患のリスクが高まる。
不飽和脂肪酸 / 一価不飽和脂肪酸	オレイン酸など	オリーブオイル、キャノーラ油（菜種油）、紅花油、牛脂、ラード、マーガリンなど			オレイン酸には悪玉のLDLコレステロールを減らす働きがあるものの、その作用はn-6系よりも弱い。酸化しにくい性質のため安定性が高い。
不飽和脂肪酸 / 多価不飽和脂肪酸（n-6系）	リノール酸、γ-リノレン酸、アラキドン酸など（※リノール酸、アラキドン酸は必須脂肪酸）	ひまわり油、綿実油、コーン油、大豆油、ゴマ油など			悪玉のLDLコレステロールを減らす働きがある。しかし過剰摂取によるリスクもあるため摂りすぎには注意。リノール酸とアラキドン酸は体内で合成されない必須脂肪酸。
不飽和脂肪酸 / 多価不飽和脂肪酸（n-3系）	α-リノレン酸、DHA（ドコサヘキサエン酸）、EPA（エイコサペンタエン酸）など（※α-リノレン酸は必須脂肪酸）	（α-リノレン酸）亜麻仁油、えごま油、チアシードオイルなど（DHA、EPA）青魚（特にブリ、サバ、サンマ、イワシ）、うなぎなど	低い	速い	α-リノレン酸は必須脂肪酸。DHAには脳細胞の働きを維持・向上させる効果も。EPAには血液の凝固を防ぎ、血液中の中性脂肪を減らす働きもある。α-リノレン酸は体内でDHAおよびEPAに変換される（※変換率は10～20%程度）。

※正しくは、LDL中のコレステロールが悪玉コレステロール。HDL中のコレステロールが善玉コレステロール。

体重とエネルギー収支

筋トレやスポーツをしながら体を大きくするには、カロリー計算が必要となる。ハードなトレーニングを続けていても摂取カロリー不足では筋肥大できない。

エネルギー収支と筋肥大

　人間の体重は、1日に消費するエネルギー量（カロリー）より摂取エネルギー量が多ければ、カロリーオーバーで増えていく。逆に消費エネルギー量のほうが多いとカロリー不足で痩せていく。基本的に**体重の増減はこのエネルギー収支で決まる**。

　理論的にカロリー不足の状態で筋肥大することは難しい。筋肉を太く大きくするためにはタンパク質が必要となるが、カロリー不足の場合、糖質や脂質だけでは足りずタンパク質もエネルギー源として代謝される。

　ボディビルダーが筋肥大を狙う時期は、食事による摂取エネルギー量を増やし、増量しながら筋肉を大きくしていく。これは一般のトレーニーが筋肥大を狙う場合も同じである。

　ただし、過体重者の場合は十分なエネルギーが体内に蓄えられているため、摂取エネルギー量を維持または減らしてタンパク質の摂取比率を高めれば、増量しなくてもある程度の筋肥大は可能と考えられる。

運動以外のエネルギー代謝

　人間がエネルギーを摂取する手段は食事に限られるが、エネルギーの消費に関しては、主に**「基礎代謝」「生活活動代謝」「食事誘発性熱産生」**という3つの消費（代謝）活動が行われている。これらを足した総計が人間の消費エネルギー量となる。

　基礎代謝は、生命維持に必要な代謝活動で24時間代謝が行われる。

　生活活動代謝は、日常生活動作や運動などで体を動かす代謝活動。

　食事誘発性熱産生は、食物を消化吸収する代謝活動で、**タンパク質の消化吸収に最もエネルギーを使う。**

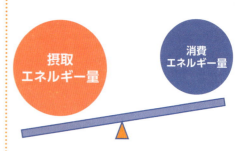

消費エネルギー量より摂取エネルギー量を増やすことが筋肥大を狙うための基本となる。

推定エネルギー必要量（kcal／日）

性別	男性			女性		
年齢　　身体活動レベル	低い	普通	高い	低い	普通	高い
18〜29歳	2300	2650	3050	1650	1950	2200
30〜49歳	2300	2650	3050	1750	2000	2300
50〜69歳	2100	2450	2800	1650	1900	2200

（厚生労働省「日本人の食事摂取基準（2015年版）」より抜粋）

日本人の基礎代謝基準値

※「基礎代謝基準値」とは1日に基礎代謝で消費される体重1kgあたりのエネルギー量

性別	男性			女性		
年齢　　基準値	基礎代謝基準値(kcal/kg/日)	基準体重(平均値)(kg)	基礎代謝量(kcal/日)	基礎代謝基準値(kcal/kg/日)	基準体重(平均値)(kg)	基礎代謝量(kcal/日)
18〜29歳	24.0	63.5	1520	22.1	50.0	1180
30〜49歳	22.3	68.0	1520	21.7	52.7	1140
50〜69歳	21.5	64.0	1380	20.7	53.2	1100

（厚生労働省「日本人の食事摂取基準（2015年版）」より抜粋）

3つのエネルギー代謝活動

基礎代謝

約60%

生命維持に必要なエネルギー代謝活動。動いていない状態でも常時代謝が行われている。代謝量は筋肉量に比例して増える。

筋肉量の増加で代謝量アップ！

筋トレによって筋肉量が増えると、加齢による基礎代謝量の低下を食い止められるだけでなく、基礎代謝が増加して、太りにくい体質となる。

生活活動代謝

約30%

日常生活動作やスポーツなど、体を動かすことによってエネルギーを代謝する活動。運動量に比例して代謝量は増える。

筋トレによって代謝量アップ！

筋トレを行って運動量が増えると代謝量も増える。筋トレで筋肉や体力がつくと日常生活がアクティブになり、さらに多くのエネルギーを代謝できる。

食事誘発性熱産生

約10%

食物を消化吸収するための代謝活動。摂取カロリーに対してタンパク質で約30%、糖質で約6%、脂質で約4%が代謝される。

タンパク質摂取で代謝量アップ！

総摂取カロリーに占めるタンパク質の比率を高めれば、食事の量を減らさなくても食事誘発性熱産生（DIT）が増加し、ダイエット効果が期待できる。

第1章　食事と三大栄養素

ビタミンとミネラルの働き

五大栄養素に含まれるビタミンとミネラル。エネルギー源にはならないものの、人体が正常に機能し続けるために、各栄養素が多面的な役割を果たしている。

ビタミンの種類と働き

ビタミンは、人体のさまざまな機能を支える有機化合物の総称。体内で十分に合成することができないた

め、食事から摂取する必要がある。

体内の生理機能を活性化させる酵素の補酵素として働き、三大栄養素（糖質、脂質、タンパク質）の代謝も助けるなど、**人体の機能維持におい**

ビタミンの種類と働き

分類	種類	主な働き	多く含む食材
脂溶性	ビタミンA	眼の網膜色素の成分。視覚の正常化に働く。皮膚、粘膜の健康を維持する。	レバー（特に鶏・豚）、うなぎ、アナゴ、卵黄、緑黄色野菜など
	ビタミンD	カルシウムの吸収を促進する。テストステロン（男性ホルモン）の分泌を促す。	魚類（特にサケ、イワシ、ニシン、シラス干し）、きくらげなど
	ビタミンE	抗酸化作用。血行の促進。性ホルモンの生成に関わる。	植物油、マーガリン、アーモンド、ヘーゼルナッツ、落花生など
	ビタミンK	骨の形成を促進する。血液を凝固させて出血を止める血液凝固因子を活性化。	緑黄色野菜（特にモロヘイヤ、春菊）、納豆、のり、ワカメ、ひじきなど
水溶性	ビタミンC	抗酸化作用。タンパク質（コラーゲン）の合成に必須。	野菜・果物（特にアセロラ、柿、パプリカ、ピーマン、ブロッコリーなど
	ビタミンB$_1$	糖質の代謝を促進する。神経機能を正常に保つ。	豚肉（特にヒレ、モモ、生ハム）、たらこ、うなぎ、グリーンピースなど
	ビタミンB$_2$	抗酸化作用。タンパク質合成を促進。三大栄養素（特に脂質）の代謝を促す。	レバー（豚・牛・鶏）、うなぎ、魚肉ソーセージ、納豆、卵など
	ビタミンB$_6$	タンパク質やアミノ酸の代謝を促進。神経伝達物質の合成に関わる。	魚類（特にマグロ、カツオ）、レバー（特に牛）、鶏肉、にんにくなど
	ビタミンB$_{12}$	赤血球の合成を補助。脂質の代謝に関わる。神経の働きを維持する。	あさり、牡蠣、レバー（特に牛・鶏）、サンマ、たらこ、のりなど
	パントテン酸	三大栄養素（特に糖質、脂質）の代謝を補助。副腎皮質ホルモンの合成に関わる。	レバー（鶏・豚・牛）、卵黄、納豆、たらこ、鶏ササミ肉、鶏むね肉など
	ナイアシン	500種類以上の酵素の補酵素。三大栄養素（糖質、脂質、タンパク質）の代謝を補助。	たらこ、マグロ、カツオ、牛レバー、豚レバー、鶏ササミ肉、鶏むね肉など
	葉酸	ビタミンB$_{12}$とともに赤血球の合成を補助。DNAの合成に関わる。	レバー（鶏・豚・牛）、のり、枝豆、ブロッコリー、ほうれん草など
	ビオチン	三大栄養素（糖質、脂質、タンパク質）の代謝を補助。皮膚や毛髪の健康を保つ。	レバー（鶏・豚・牛）、卵黄、ヘーゼルナッツ、アーモンドなど

※ビタミンD、ビタミンK、ビタミンB群の一部は少量が体内で合成される。

て不可欠な栄養素である。

水に溶けない「脂溶性ビタミン」と、水に溶ける「水溶性ビタミン」に大別され、水溶性ビタミンには水分に溶け出す性質がある。

ビタミンは主に野菜や果物から摂取できるが、レバーや豚肉、魚類など動物性食品に多いビタミンもある。

タンパク質合成の促進に作用するビタミンも多いため、ビタミンの摂取量が不足していると、筋肥大の効率は悪くなると考えられる。

ミネラルの種類と働き

ミネラルは、**人体に必要な無機質**の総称。ビタミンと同様に体内で十分に合成できないため食事から摂る。

体内の生理機能に関わる酵素やホルモンの働きを助け、カルシウムやリンは骨や歯の材料にもなる。

多量元素と**微量元素**に大別され、多量元素のミネラルは特に重要度が高い。レバーや魚介類、乳製品など各栄養素で摂取できる食材が異なる。

第1章 食事と三大栄養素

ミネラルの種類と働き

分類	種類	主な働き	多く含む食材
多量元素	カルシウム	骨や歯を形成する。筋肉が収縮する動きを補助。細胞分裂や酵素反応などの作用に関わる。	しらす干し、わかさぎ、サバ缶、牛乳、チーズ、油揚げ、えんどう豆など
	リン	骨や歯を形成する。糖質の代謝を高める。細胞膜や核酸の構成成分。	しらす干し、マグロ、たらこ、卵黄、牛乳、チーズ、ハム、豚レバーなど
	カリウム	心肺機能や筋肉の働きを調整。細胞内液の浸透圧や血圧を調節。	納豆、大豆、にんにく、ほうれん草、にら、真鯛、カツオ、アジなど
	ナトリウム	カリウムとともに心肺機能や筋肉の働き、浸透圧を調整。食塩の主成分。	塩、醤油、味噌、梅干し、ハム、たらこ、魚肉ソーセージ、漬物など
	マグネシウム	300種類以上の酵素を活性化。カルシウムの働きを補助する。	シラス干し、納豆、油揚げ、あさり、はまぐり、牡蠣、たくあん漬など
微量元素	鉄	血液中の赤血球に含まれるヘモグロビンの主成分として全身へ酸素を運ぶ。	レバー（特に豚・鶏）、うなぎの肝、あさり、卵黄、油揚げ、のりなど
	亜鉛	新陳代謝や細胞分裂に関わる酵素の構成成分として働く。味覚を正常に保つ。	牡蠣、カニ、レバー（特に豚）、牛肉、卵黄、カマンベールチーズなど
	銅	活性酸素を除去する酵素の構成成分。ヘモグロビンの生成を補助する。	牛レバー、桜エビ、イカの塩辛、豚レバー、牡蠣、カシューナッツなど
	マンガン	骨の生成を促進する。糖質、脂質の代謝に働く。性ホルモンの合成に関わる。	しょうが、しじみ、油揚げ、モロヘイヤ、玄米、たくあん漬、納豆など
	ヨウ素	甲状腺ホルモンの構成成分で成長期の発育を促進。細胞の新陳代謝を促す。	海藻類（特に昆布）、ところてん、タラ、たらこ、うなぎなど
	セレン	活性酸素を除去する酵素の構成成分。ビタミンCやEの働きを補助する。	カツオ、アジ、マグロ、カレイ、レバー、ズワイガニ、カツオ節など
	クロム	インスリンの働きを助け、血糖値の上昇を抑制。糖質、脂質の代謝を促す。	アナゴ、サバ、プロセスチーズ、がんもどき、里芋、ウスターソースなど
	モリブデン	プリン体を分解して排出する作用に働く。糖質、脂質の代謝を促す。	納豆、豆乳、あずき、木綿豆腐、レバー（豚・牛・鶏）、ピーナッツなど

※上図にあるのは、厚生労働省が摂取基準を定めている13種類のミネラル。

食物繊維の重要性

食物繊維は炭水化物の一種。人の体内ではほとんど消化吸収ができないため、摂取してもエネルギーになりにくいものの、腸内において重要な役割を果たす。

水溶性と不溶性を区別する

食物繊維には、水に溶けない「不溶性食物繊維」と、水に溶ける「水溶性食物繊維」に大別される。

豆類や穀類、野菜、きのこ類に多く含まれる不溶性食物繊維は、腸内で水分を吸収して膨らみ、腸を刺激して便通を改善する働きがある。

水溶性食物繊維は、海藻類に多く含まれる栄養素。体内で水分に溶けるとネバネバした粘性をもつため、糖に吸着し、糖が小腸から吸収されるスピードを遅らせる。その結果、血糖値の上昇が緩やかになり、脂肪の合成を促進するインスリンの過剰分泌も抑制される。さらにコレステロールの吸収を抑える働きもある。

水溶性食物繊維の摂取不足

厚生労働省の国民健康・栄養調査報告（平成26年）では、水溶性食物繊維の摂取量がかなり不足しているというデータが出ているため、毎日もずく酢やめかぶを食べたり、味噌汁にワカメを入れたりすると良い。

不溶性食物繊維と水溶性食物繊維の摂取バランスは、「2：1」の比率が理想とされている。

水溶性食物繊維と不溶性食物繊維

分類	水溶性食物繊維	不溶性食物繊維
種類	アルギン酸ナトリウム、アガロース、イヌリンなど	セルロース、ヘミセルロース、キチンなど
主な働き	●血糖値の上昇を緩やかにする ●コレステロールの吸収抑制および排泄促進	●便通が良くなる ●腸内の有害物質を排出
摂取目標	食物繊維の摂取基準20g/日 以上の1/3	食物繊維の摂取基準20g/日 以上の2/3
多く含む食材	海藻類（ひじき、ワカメ、もずく、めかぶ、昆布など）、らっきょう、にんにく、ごぼう、納豆、ライ麦、押麦など	豆類（特にいんげん豆、えんどう豆、枝豆、納豆など）、おくら、ごぼう、とうもろこし、ライ麦、きのこ類など

※摂取基準の数値は、厚生労働省「日本人の食事摂取基準（2015年版）」より、男性18〜69歳の数値を引用（※女性18〜69歳は18g/日 以上）。

第 2 章

タンパク質の摂り方

筋肉の合成には材料となる良質なタンパク質が必要となる。タンパク質は摂取量や摂取タイミングによって筋肥大への影響が異なるため、効果的かつ効率的な摂取が理想となる。

アミノ酸プールの役割

食事から摂取したタンパク質は、消化吸収されてもそのまま筋肉にはならない。
筋肉の合成や新陳代謝の材料として体内で貯蔵され、必要に応じて使われる。

筋肉の材料は遊離アミノ酸

　食事から摂取したタンパク質は、アミノ酸に分解されて小腸の上皮細胞で吸収され、肝臓へと運ばれる。

　肝臓に運ばれたアミノ酸はタンパク質などの材料として利用されるが、肝臓に届けられたすべてのアミノ酸がすぐにタンパク質となるわけではない。その多くはアミノ酸のまま肝臓から血管を通じてまずは体内の**「アミノ酸プール」**に送られる。

　アミノ酸プールは、いわゆるアミノ酸の貯蔵庫。人体の新陳代謝に必要なアミノ酸をいつでも使えるように一定量をストックしている。また、プールといっても特定の場所を指しているわけではなく、体内に存在する**「遊離アミノ酸」**（他の物質と結合していないアミノ酸）を指した言葉である。

　体内において**アミノ酸プールとなっているのは、主に筋肉（骨格筋）と血液**。なかでも最大の貯蔵庫は骨格筋であり、個人差はあるが、筋肉1kgあたり3～4g程度の遊離アミノ酸が存在するといわれている。

　筋肉をはじめとする各組織は常に分解と合成を行っているため（→P.50～51参照）、アミノ酸プールのアミノ酸がタンパク質として使われれば、減った分のアミノ酸は、食事や筋肉の分解などにより補充される。

アミノ酸スコアの重要性

　筋タンパク質合成でアミノ酸プールから必須アミノ酸と非必須アミノ酸が使われると、各アミノ酸は減少する。減少した分を補充しなければ新たなタンパク質合成はできない。非必須アミノ酸は体内で合成できるため、摂取する必要があるのは必須アミノ酸ということになる。

　しかし、食事からタンパク質を摂っても必須アミノ酸の含有バランスが悪いタンパク質では不十分。9種類の必須アミノ酸をバランス良く摂取して初めてタンパク質の材料となる。だからこそアミノ酸スコアが100の食品（→P.34～35参照）を選ぶことが重要となる。

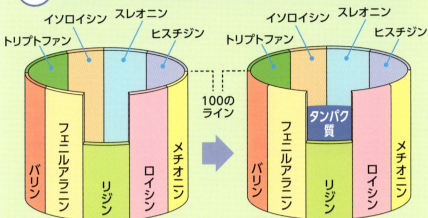

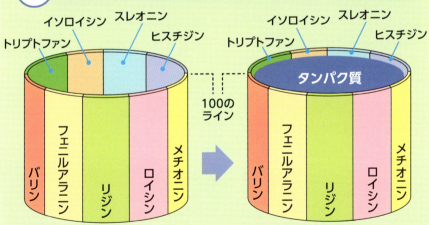

筋肉の分解と合成

生え替わる毛髪と同じように、筋肉も絶えず新陳代謝を繰り返し行っている。
筋肉は新陳代謝のサイクルが比較的速く、日々少しずつ生まれ変わっている。

絶えず分解される筋肉

　人間の体を構成するタンパク質には寿命があり、新陳代謝を行いながら新しいタンパク質と入れ替わる。筋肉のタンパク質は寿命が比較的短く、個人差はあるが、1日に1％程度の筋肉が分解され、新しく生まれ変わっている。これは数カ月ですべての筋肉が入れ替わる計算になる。

　筋肉の分解は生理現象であるため、タンパク質を摂ったところで、分解が抑えられることはあっても止まることはない。体の調整機能によって、筋肉の分解と合成はある程度バランスが保たれているため、筋肉量を増やすためには、筋肉の分解量より合成量を多くする必要がある。

　ちなみに専門的には、筋肉の分解を異化（カタボリック）、合成を同化（アナボリック）という。

筋肉の分解量を減らす

　筋肉の分解は、新陳代謝以外でも起こる。肝臓のグリコーゲンが不足すると、血糖値の維持のため、体は筋肉を分解してアミノ酸からグルコースを生成する（糖新生）。また、筋肉のグリコーゲンが不足すると、遊離アミノ酸（主にBCAA）がエネルギー源として利用される。BCAAの不足分は筋肉を分解して補う。

　筋トレやスポーツなどのエネルギー消費が激しい運動を行うと、筋肉の分解はより進行する。筋肉の分解を抑えるためには、運動前や運動後に糖質とタンパク質をしっかり摂ってエネルギー源と筋肉の材料を補給することが重要となる。

筋肥大の条件

分解 ＜ 合成

分解される
筋肉の量

合成される
筋肉の量

筋肉の分解量を合成量が上回れば筋肥大は可能。合成量を増やすとともに分解量を減らすことが筋肥大のポイントとなる。

筋肉の分解（異化）と合成（同化）

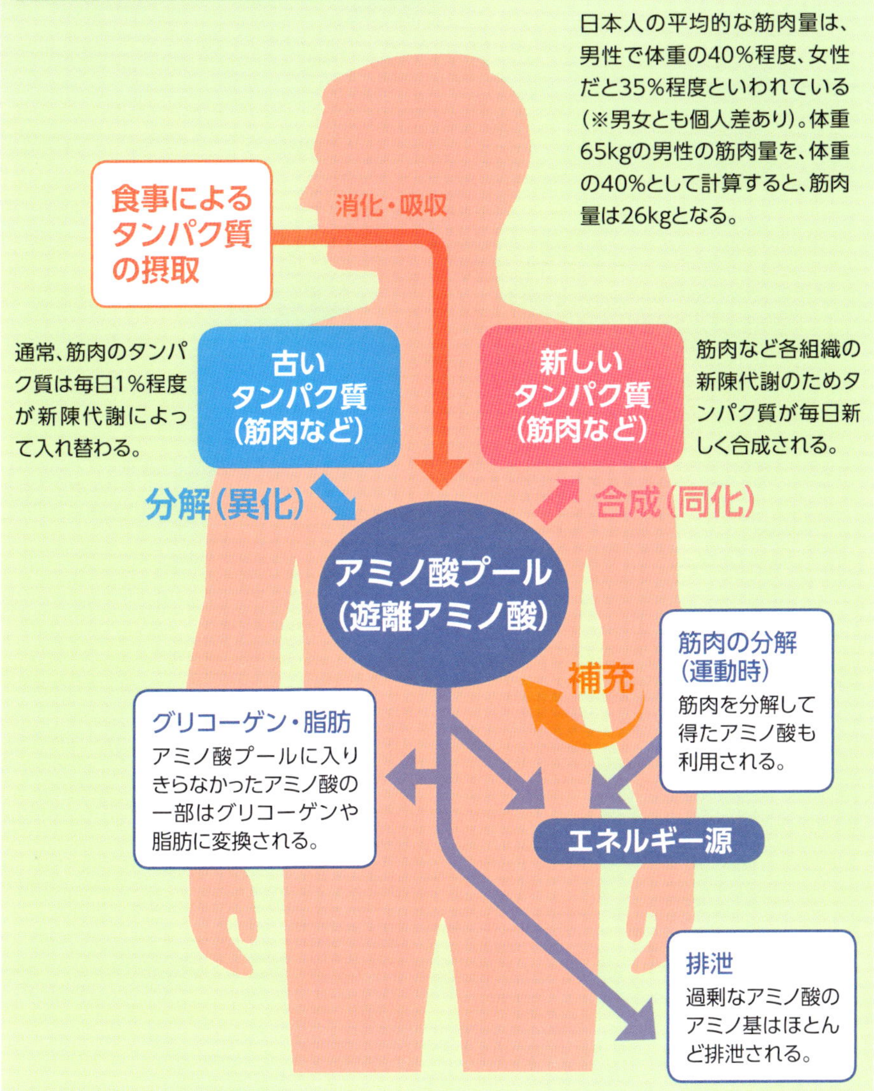

日本人の平均的な筋肉量は、男性で体重の40％程度、女性だと35％程度といわれている（※男女とも個人差あり）。体重65kgの男性の筋肉量を、体重の40％として計算すると、筋肉量は26kgとなる。

**食事による
タンパク質
の摂取**

消化・吸収

通常、筋肉のタンパク質は毎日1％程度が新陳代謝によって入れ替わる。

**古い
タンパク質
（筋肉など）**

**新しい
タンパク質
（筋肉など）**

筋肉など各組織の新陳代謝のためタンパク質が毎日新しく合成される。

分解（異化）　　**合成（同化）**

**アミノ酸プール
（遊離アミノ酸）**

補充

**筋肉の分解
（運動時）**
筋肉を分解して得たアミノ酸も利用される。

グリコーゲン・脂肪
アミノ酸プールに入りきらなかったアミノ酸の一部はグリコーゲンや脂肪に変換される。

エネルギー源

排泄
過剰なアミノ酸のアミノ基はほとんど排泄される。

筋タンパク質合成に必要なアミノ酸

「必須アミノ酸（9種類）」
体内で合成できないため食事から摂る。不足すると筋肉を分解して補われる。

「非必須アミノ酸（11種類）」
体内で合成できるため、必ずしも食事で摂取する必要がないアミノ酸。

高タンパク食材①(肉類)

鶏肉・牛肉・豚肉の長所

食肉から摂取する動物性タンパク質は、筋肥大に欠かせない良質なタンパク質。
高タンパク食材を代表する鶏肉、牛肉、豚肉にはそれぞれ異なる長所がある。

人間と同じ哺乳類の肉類

　筋肥大を目指すボディビルダーの食生活は、やはり肉類が中心となっている。魚や植物性タンパク質の大豆もアミノ酸スコアが100のタンパク源でありながら、なぜ多くのビルダーは肉類を食べているのか。

　肉類の優位を示す科学的根拠はないが、筋肥大の結果を得られたからこそ、世界中のビルダーが肉類を選んで食べているといえるだろう。理論的に、哺乳類の食肉はタンパク質のアミノ酸組成が人間に最も近いため、摂取したタンパク質が効率良く筋肉の材料になると考えられる。

鶏肉・牛肉・豚肉の選び方

　ビルダーやトレーニーに最も人気の高い肉類は高タンパク低脂肪の鶏肉。特に**脂質が少ないささみ肉とむね肉**（皮を除く）は筋肥大を狙ううえで欠かせない食材。牛肉や豚肉より安価なのも人気の理由である。

　牛肉は、タンパク質とともに不足

鶏肉のタンパク質含有量

（※　）内の数値は「皮なし」の数値
※加工食品の栄養成分量は各メーカーで異なる

食品　　　　　　100gに含まれる成分量	エネルギー (kal/100g)	タンパク質 (g/100g)	脂質 (g/100g)	炭水化物 (g/100g)
鶏ささみ肉	114	24.6	1.1	0
鶏むね肉(皮つき)	244(※121)	19.5(※24.4)	17.2(※1.9)	0(※0)
鶏もも肉(皮つき)	253(※138)	17.3(※22.0)	19.1(※4.8)	0(※0)
鶏ささみ肉(若鶏)	105	23	0.8	0
鶏むね肉(若鶏・皮つき)	145(※116)	21.3(※23.3)	5.9(※1.9)	0.1(※0.1)
鶏もも肉(若鶏・皮つき)	204(※127)	16.6(※19.0)	14.2(※5.0)	0(※0)
手羽(皮つき)	195	23	10.4	0
鶏レバー	111	18.9	3.1	0.6
鶏筋胃(砂肝)	94	18.3	1.8	Tr
チキンナゲット	194	15.5	13.7	14.9
つくね	226	15.2	15.2	9.3

「Tr」:含有量が数値化できる最小量に達していない

しがちな鉄分や亜鉛を摂れるのが利点。亜鉛には筋肥大効果を高める作用がある（→P.107参照）。

豚肉にも、タンパク質だけでなく、糖質の代謝に欠かせないビタミンB$_1$が摂れるという利点がある。

鶏・牛・豚とも高タンパクで栄養価の高いレバーも食べると良い。

牛肉のタンパク質含有量

（※　）内の数値は「脂身なし」の数値
※加工食品の栄養成分量は各メーカーで異なる

食品　　100gに含まれる成分量	エネルギー (kal/100g)	タンパク質 (g/100g)	脂質 (g/100g)	炭水化物 (g/100g)
牛ヒレ肉	195	20.8	11.2	0.5
牛もも肉(脂身つき)	209(※181)	19.5(※20.5)	13.3(※9.9)	0.4(※0.4)
牛肩肉(脂身つき)	257(※217)	16.8(※17.9)	19.6(※14.9)	0.4(※0.4)
牛肩ロース(脂身つき)	318(※308)	16.2(※16.5)	26.4(※25.2)	0.2(※0.2)
牛サーロイン(脂身つき)	334(※270)	16.5(※18.4)	27.9(※20.2)	0.4(※0.5)
牛リブロース(脂身つき)	409(※378)	14.1(※15.0)	37.1(※33.4)	0.2(※0.2)
牛ばら肉(脂身つき)	426	12.8	39.4	0.3
牛腱/茹で(牛すじ肉)	155	28.3	4.9	0
牛タン	356	13.3	31.8	0.2
牛レバー	132	19.6	3.7	3.7
ローストビーフ	196	21.7	11.7	0.9
コンビーフ缶詰	203	19.8	13	1.7

豚肉のタンパク質含有量

（※　）内の数値は「脂身なし」の数値
※加工食品の栄養成分量は各メーカーで異なる

食品　　100gに含まれる成分量	エネルギー (kal/100g)	タンパク質 (g/100g)	脂質 (g/100g)	炭水化物 (g/100g)
豚ヒレ肉	130	22.2	3.7	0.3
豚もも肉(脂身つき)	183(※148)	20.5(※21.5)	10.2(※6.0)	0.2(※0.2)
豚ロース(脂身つき)	263(※202)	19.3(※21.1)	19.2(※11.9)	0.2(※0.3)
豚肩肉(脂身つき)	216(※171)	18.5(※19.7)	14.6(※9.3)	0.2(※0.2)
豚肩ロース(脂身つき)	253(※226)	17.1(※17.8)	19.2(※16.0)	0.1(※0.1)
豚ばら肉(脂身つき)	395	14.4	35.4	0.1
豚レバー	128	20.4	3.4	2.5
焼き豚	172	19.4	8.2	5.1
ロースハム	196	16.5	13.9	1.3
ベーコン	405	12.9	39.1	0.3
ウインナーソーセージ	321	13.2	28.5	3
とんかつ	450	22	35.9	9.8
ヒレかつ	388	25.1	25.3	14.9

（成分数値はすべて文部科学省「日本食品標準成分表（2015年版七訂）」より抜粋）

第2章　タンパク質の摂り方

高タンパク食材②（魚類）

魚類を食べるべき理由

肉類と同様に動物性タンパク質が摂れる魚類は、質の高い脂質を含んでいる。生でも食べられて、缶詰や練り物、ソーセージなどの加工食品も人気が高い。

EPA・DHAで万病予防

肉類に劣らず動物性タンパク質を多く含んでいる魚類。アミノ酸スコアが100（※イカ、タコ、エビ、カニ、貝類などのスコアは70〜80程度）の良質なタンパク質を摂ることができる。肉類より低脂質のものが豊富にあり、味覚が異なる数多くの魚種から選べるのも魅力である。

魚類の最大の利点は、タンパク質とともにn-3系の多価不飽和脂肪酸を摂れること。**魚類には「DHA」**

「EPA」というn-3系の良質な脂肪酸が豊富に含まれており、これらは肉類から摂ることはできない。

DHA・EPAには、中性脂肪を減らす作用や血液の凝固を防ぐ効果があり、脂質異常症や動脈硬化といった生活習慣病のリスクを下げる重要な働きもある。健康効果の高い脂肪酸でありながら摂取できる食材が少なく、不足しがちな脂肪酸でもある。

また、DHA・EPAは熱に弱い性質があるため、効率良く摂取するには魚を刺身で食べると良い。

n-3系多価不飽和脂肪酸（DHA・EPA）を多く含む食材

食品	含有量(g/100g)	食品	含有量(g/100g)
あんこう(肝)	7.68	ニシン	2.13
マグロ(脂身)	5.81	サバ	2.12
サンマ	3.78	うなぎ(蒲焼き)	2.87
ブリ	3.35	イワシ(真イワシ)	2.1
たちうお	3.15	サバ缶(味噌煮)	3.33
めざし	2.85	イワシ缶(水煮)	2.92
サケ(銀鮭)	2.56	サンマ缶(蒲焼き)	2.67
サケ(塩鮭)	2.42	ツナ缶	1.99

※加工食品の栄養成分量は各メーカーで異なる

魚類のタンパク質含有量

※「Tr」:含有量が数値として記載できる最小量に達していない

100gに含まれる成分量 食品	エネルギー (kal/100g)	タンパク質 (g/100g)	脂質 (g/100g)	炭水化物 (g/100g)
アジ	126	19.7	4.5	0.1
アナゴ	161	17.3	9.3	Tr
イワシ(真イワシ)	169	19.2	9.2	0.2
ししゃも(生干し)	166	21	8.1	0.2
メカジキ	153	19.2	7.6	0.1
カツオ(春獲り)	114	25.8	0.5	0.1
カツオ(秋獲り)	165	25	6.2	0.2
カレイ	95	19.6	1.3	0.1
カンパチ	129	21	4.2	0.1
サケ(銀鮭)	204	19.6	12.8	0.3
サケ(紅鮭)	138	22.5	4.5	0.1
サバ	247	20.6	16.8	0.3
サンマ	297	17.6	23.6	0.1
真鯛	142	20.6	5.8	0.1
ブリ	257	21.4	17.6	0.3
ハマチ	251	20.7	17.2	0.3
ヒラメ	103	20	2	Tr
マグロ(赤身)	125	26.4	1.4	0.1
マグロ(脂身)	344	20.1	27.5	0.1
しらす干し(半乾燥品)	206	40.5	3.5	0.5

魚類(加工食品)のタンパク質含有量

※加工食品の栄養成分量は各メーカーで異なる

100gに含まれる成分量 食品	エネルギー (kal/100g)	タンパク質 (g/100g)	脂質 (g/100g)	炭水化物 (g/100g)
うなぎ(蒲焼き)	293	23	21	3.1
ツナ缶	288	18.8	23.6	0.1
ツナ缶(ライト※ノンオイル)	71	16	0.7	0.2
ツナ缶(カツオ)	293	18.8	24.2	0.1
サバ缶詰(水煮)	190	20.9	10.7	0.2
サバ缶詰(味噌煮)	217	16.3	13.9	6.6
イワシ缶詰(水煮)	188	20.7	10.6	0.1
イワシ缶詰(蒲焼き)	242	16.2	15.6	9.3
サンマ缶詰(蒲焼き)	225	17.4	13	9.7
魚肉ソーセージ	161	11.5	7.2	12.6

(成分数値はすべて文部科学省「日本食品標準成分表(2015年版七訂)」より抜粋)

第2章 タンパク質の摂り方

高タンパク食材③（その他）

卵・乳製品・大豆食品

卵（鶏卵）や乳製品、納豆・豆腐などの大豆食品も良質な高タンパク質食品。
植物性タンパク質が摂れる大豆食品には、肉や魚にはない摂取効果がある。

卵は栄養満点のタンパク源

卵はアミノ酸スコアが100の動物性タンパク源。朝食でタンパク質を摂る食材としても最適である。

ビタミンやカルシウムが豊富で、**血中脂質を下げるレシチン**も摂取できる。価格が安く、いろいろな料理に使える点も魅力である。

脂質が少ない白身（卵白）しか食べない人もいるが、多くの栄養素は黄身に豊富に含まれているため、白身だけ何個も食べるより、毎日全卵を1〜2個食べるのが望ましい。

調理いらずの手軽な乳製品

牛乳やチーズ、ヨーグルトなどの乳製品もアミノ酸スコア100のタンパク源。牛乳に含まれるタンパク質はプロテインの原料にもなっている。また、筋トレやスポーツで消費されるカルシウムを摂れる利点もある。

乳製品も安価であり、加工食品なら調理いらず。特に牛乳は手軽に飲めて、脂質を抑えた低脂肪乳や無脂肪乳も選べる。ただし、日本人は体質的に牛乳に含まれる乳糖を消化できない乳糖不耐症の割合が高く、牛

卵類・乳製品のタンパク質含有量

※加工食品の栄養成分量は各メーカーで異なる

食品	100gに含まれる成分量	エネルギー (kal/100g)	タンパク質 (g/100g)	脂質 (g/100g)	炭水化物 (g/100g)
卵類（鶏卵）	全卵	151	12.3	10.3	0.3
	卵黄	387	16.5	33.5	0.1
	卵白	47	10.5	Tr	0.4
乳製品	普通牛乳	67	3.3	3.8	4.8
	加工乳（低脂肪乳）	46	3.8	1	5.5
	プロセスチーズ	339	22.7	26	1.3
	ゴーダチーズ	380	25.8	29	1.4
	チェダーチーズ	423	25.7	33.8	1.4
	カマンベールチーズ	310	19.1	24.7	0.9

※「Tr」:含有量が数値化できる最小量に達していない

乳を苦手とする人も多い。ただしホエイプロテインには乳糖を除去したタイプもある（→P.118参照）。

　卵や乳製品は良質なタンパク質だけでなく、ビタミンやミネラルも摂れる優良食材であるため、日々の摂取を心がけると良い。

大豆タンパクの筋肥大効果

　植物性タンパク質に属する大豆のタンパク質（大豆タンパク）も、動物性タンパク質と同様にアミノ酸スコアが100のタンパク質。

　しかし、植物性タンパク質は動物性タンパク質より吸収率はやや低くなる。それでも筋肥大を狙うには十分なタンパク質が摂取できる。大豆タンパクで作るソイプロテインを愛飲する筋肉隆々のボディビルダーも

いることから、大豆食品でも筋肥大できると考えて良い。

　肉類を食べすぎると、食肉の脂質によって悪玉コレステロールが増加し、生活習慣病のリスクが高まる。しかし、大豆には**悪玉コレステロールを減らすレシチン**や、体内で有害物質の生成を抑える**抗酸化物質の大豆サポニン**が豊富に含まれている。

　また、大豆に含まれる**イソフラボンはエストロゲン（女性ホルモン）と似た作用をもち**、女性はホルモンバランスが整う効果も得られる。

　さらに、骨粗しょう症を予防する働きがあり、最近の研究では発がんリスクを下げる効果があることも分かってきた。（※ただしイソフラボンは内閣府機関の食品安全委員会において、1日の上限摂取量が75mgに設定されている）

大豆食品のタンパク質含有量

※加工食品の栄養成分量は各メーカーで異なる

食品	エネルギー (kal/100g)	タンパク質 (g/100g)	脂質 (g/100g)	炭水化物 (g/100g)
糸引き納豆	200	16.5	10	12.1
挽きわり納豆	194	16.6	10	10.5
木綿豆腐	72	6.6	4.2	1.6
絹ごし豆腐	56	4.9	3	2
焼き豆腐	88	7.8	5.7	1
油揚げ	410	23.4	34.4	0.4
がんもどき	228	15.3	17.8	1.6
豆乳	46	3.6	2	3.1
豆乳（調製豆乳）	64	3.2	3.6	4.8
大豆（茹で）	176	14.8	9.8	8.4

（成分数値はすべて文部科学省「日本食品標準成分表（2015年版七訂）」より抜粋）

タンパク質の消化吸収時間

タンパク質を摂取する際に、タンパク質の質や含有量とともに確認したいのが消化吸収にかかる時間。主な高タンパク食材の消化吸収時間の目安を知ろう。

肉や魚は消化吸収が遅い

タンパク質の摂取は、摂取量だけでなく**摂取するタイミングも重要に**なるため、摂取した食材がどれぐらいの時間で消化吸収されるのか、ある程度の目安を知っておくことが効率的なタンパク質摂取につながる。

食材によって消化吸収にかかる時間は異なり、肉や魚などの固形物は基本的に消化吸収に時間がかかる。本来、固形物も加熱すると消化されやすくなるが、炒め物やフライといった料理では分解に時間がかかる油と一緒に食べることになるため、その分消化が遅くなる。

大豆食品は、消化しにくい食物繊維や脂質を含んでいるが、豆腐は食物繊維がかなり取り除かれているため、消化はやや速くなる。

サプリメントは、商品の形態によって消化吸収速度が異なるものの、食品に比べて消化吸収が速い。しかし、大豆から作るソイプロテインや、カゼインプロテインは長時間かけて消化される。

形態で異なる消化時間

消化吸収の速度

速い ← → 遅い

液体
液体は最も消化吸収が速い。粉状のサプリメントも水に溶かすことで素早く吸収される。

粉末
粉末や粒状のサプリメントも消化吸収が速い。最近の商品はより水に溶けやすくなっている。

固形
固形の食材は消化吸収に時間がかかる。脂身の多い肉や揚げ物はさらに消化が遅くなる。

食材別タンパク質の消化吸収時間（目安）

食材	消化吸収時間	特徴
アミノ酸サプリメント	30分程度	タンパク質の最小単位であるアミノ酸として摂取することで、分解する必要がなくなるため、プロテインよりも消化吸収が速い。
BCAAサプリメント	30分程度	筋タンパク質合成を促進する3種類の必須アミノ酸（バリン、ロイシン、イソロイシン）を摂取できる。アミノ酸なのでプロテインより消化吸収が速い。
ホエイプロテイン	1〜2時間程度	ホエイは牛乳から乳脂肪分とカゼインを除いたタンパク質。すべての必須アミノ酸をバランス良く摂取できる。水に溶けやすく消化吸収も速い。
卵（鶏卵）	2〜3時間	加熱すると消化吸収が良くなり、ゆで卵は携帯しやすく間食にも最適。栄養摂取の目的に応じて白身のみ、黄身のみを分離して摂ることも可能。
魚類	4〜6時間	加熱すると消化吸収が良くなる。白身魚（タラ、ヒラメ）やマグロ赤身、カツオなど脂質の少ない魚は、脂質の多い青魚（サバ、ブリ、サンマ）よりある程度消化吸収時間が速い。
肉類	4〜6時間	加熱すると消化吸収が良くなる。脂質の少ない鶏ささみ肉や鶏むね肉、豚ヒレ肉などは、脂質の多い部位の肉より消化時間がある程度速くなる。
大豆食品	2〜6時間	豆腐の消化吸収時間は比較的速くて2時間前後。納豆など豆の形が残っている食品、脂質が多い食品などは消化吸収に時間がかかる。
ソイプロテイン	3〜6時間	大豆に含まれる植物性タンパク質（大豆タンパク）を抽出して粉末にしたプロテイン。ホエイプロテインに比べて消化吸収に時間がかかる。
カゼインプロテイン	6〜8時間	カゼインは牛乳の主成分となる乳タンパク質。胃酸の影響を受け胃の中でゲル化するため、ホエイプロテインに比べて消化吸収が緩やか。

※同じ食材でも摂取量が多くなると消化吸収時間はその分長くなる。調理方法や胃内状況などによっても時間は変わる。

第2章　タンパク質の摂り方

タンパク質の摂取タイミング

筋肉を成長させるためには、筋タンパク質合成の効率を高めることがポイント。
同じタンパク質摂取量でも、摂取タイミングによって得られる効果が変わる。

筋トレ前のタンパク質補給

ボディビルダーやアスリートが筋トレを行う場合、筋トレの前後にタンパク質やアミノ酸を補給する。エネルギー源となる糖質だけでなく、なぜタンパク質も摂るのだろうか。

高強度の筋トレでは、筋肉や肝臓に蓄えられたグリコーゲンだけでなく、必須アミノ酸の**BCAA（バリン、ロイシン、イソロイシン）も筋肉のエネルギー源**として消費される。

BCAAは筋タンパク質を構成する主要なアミノ酸。筋肉へのBCAA補給がなければ、体は筋肉を分解してBCAAを生み出すことになる。また、糖代謝が進むと血糖値維持のためにも筋肉の分解は起こる（糖新生）。これらの筋肉の分解をできる限り抑えることが、筋肥大には重要となる。

そのためには、筋トレ前に血中の必須アミノ酸濃度を高めておくことが有効。実際に、筋トレ開始前にアミノ酸を摂ると、筋タンパク質合成の反応は高まることが分かっている（Tiptonら,2001 ※右上図）。

筋トレ後のタンパク質補給

筋トレ終了後は、ホルモンの分泌などにより筋タンパク質合成反応が高い状態（ゴールデンタイム）。筋トレ後は筋肉の分解と合成が同時進行しているため、合成反応が高いうちに筋肥大の材料となるタンパク質を十分に補充することが重要となる。

筋トレ終了直後と、筋トレ終了2時間後のタンパク質摂取効果を比較した実験では、筋トレ終了直後にタンパク質を摂取したグループに高い筋肥大効果が表れた（Esmarckら,2001 ※右下図）。

タンパク質をプロテインで摂取しても、消化吸収に1時間程度はかかるため、筋トレ終了から2時間後の摂取では、合成反応が最も高い時にタンパク質を補充できない。それが筋肥大効果の差になったと考えられる。

さらに近年では、トレーニング中にもBCAAやプロテインを摂取し、できるだけ血中アミノ酸濃度が下がらないようにケアしているビルダーやアスリートも増えている。

アミノ酸の摂取タイミングとタンパク質合成の関係

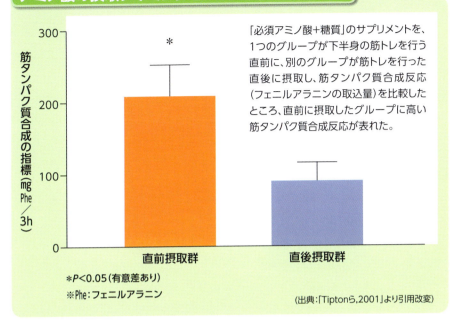

「必須アミノ酸＋糖質」のサプリメントを、1つのグループが下半身の筋トレを行う直前に、別のグループが筋トレを行った直後に摂取し、筋タンパク質合成反応（フェニルアラニンの取込量）を比較したところ、直前に摂取したグループに高い筋タンパク質合成反応が表れた。

＊P＜0.05（有意差あり）
※Phe：フェニルアラニン

（出典：「Tiptonら, 2001」より引用改変）

タンパク質の摂取タイミングと筋肥大の関係

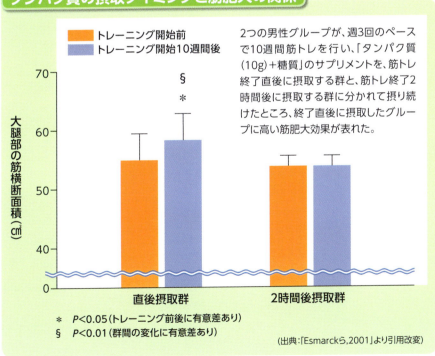

2つの男性グループが、週3回のペースで10週間筋トレを行い、「タンパク質（10g）＋糖質」のサプリメントを、筋トレ終了直後に摂取する群と、筋トレ終了2時間後に摂取する群に分かれて摂り続けたところ、終了直後に摂取したグループに高い筋肥大効果が表れた。

＊　P＜0.05（トレーニング前後に有意差あり）
§　P＜0.01（群間の変化に有意差あり）

（出典：「Esmarckら, 2001」より引用改変）

第2章 タンパク質の摂り方

タンパク質の摂取量

筋肥大効果を得るためには、タンパク質をしっかり摂取することが不可欠。
しかし、筋タンパク質合成で1度に合成できる量はある程度決まっている。

タンパク質摂取量と筋肥大

　どれだけタンパク質をたくさん摂っても、筋肉は急激に大きくならない。個人差はあるものの、一般的に1年間で増やせる筋肉量は頑張っても2〜3kg程度といわれている。筋肥大の材料となる体内の遊離アミノ酸（アミノ酸プール）は常に一定量に保たれ、ストックされるアミノ酸の量には限度がある。**タンパク質を一度にたくさん摂っても、余剰分は筋肉にならない**のである。

　筋トレを4カ月以上継続している男性6人に対して、筋トレ終了直後にタンパク質をそれぞれ0g（摂取なし）、5g、10g、20g、40gを摂取させ、筋タンパク質合成反応のレベルを測定したところ、タンパク質摂取量が20g以上になると、合成反応はそれほど上がらないという結果が出た（Mooreら,2009 ※右上図）。

　この実験結果が示すように、**1回のタンパク質摂取量はだいたい20gがひとつの目安**となっている。しかし、筋肥大効果を限界まで得るため、1回に40〜50gのタンパク質を摂取するボディビルダーも少なくない。

　内臓への負担も考慮すると、まずは1回に20g程度の摂取を目安にして、筋肥大効果が上がらなければ徐々に摂取量を増やしていけば良い。

筋トレ終了後1時間が勝負

　トレーニング習慣のある男性8人が、筋トレ終了直後にホエイプロテイン10g（＋糖質21g）を摂ったところ、血中アミノ酸濃度は1時間後にピークを迎え、2時間後まで高い状態に（Tangら,2007 ※右下図）。

　この結果からも、**ゴールデンタイム（筋トレ終了直後〜約3時間後）に、筋肉の材料となるアミノ酸を筋肉へ十分送りこむには、終了後1時間までの摂取が必要**だと分かる。

　ゴールデンタイムの効率を考え、通常のタンパク質摂取量は1回20g程度に抑え、筋トレ直後のみ30g前後まで増やす方法もある。量が増えればその分、吸収にも時間がかかるため、より早い摂取が望ましい。

筋トレ直後のタンパク質摂取量と筋タンパク質合成速度

筋トレ終了直後のタンパク質摂取に対する筋タンパク質合成の反応を測定した結果、摂取量が20gを超えたところから合成反応の上昇が減速した。

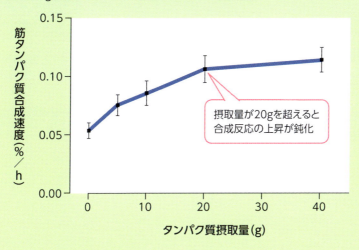

(出典:「Mooreら,2009」より引用改変)

ホエイプロテインによる血中アミノ酸濃度の上昇

筋トレ終了直後のタンパク質摂取(ホエイプロテイン)に対する血中アミノ酸濃度の変化を測定した結果、アミノ酸濃度の上昇は摂取してから1時間後にピークに達した。

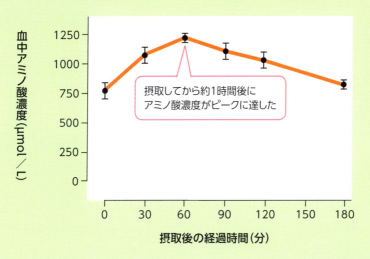

(出典:「Tangら,2007」より引用改変)

タンパク質の摂取間隔

筋トレを行った後のタンパク質摂取が重要となるのは、終了直後に限らない。
高強度の筋トレを実施した後の筋タンパク質合成の反応は、長時間継続する。

筋トレ後のタンパク質補給

筋タンパク質合成の反応は、筋トレ終了直後に高まることが分かっているが、合成反応の高まりは筋トレ終了から1〜2時間で収束するわけではない。筋肉痛が起こるような高強度の筋トレを行った場合、筋タンパク質合成の反応は長時間継続する。

筋トレを行うと筋タンパク質合成の反応が高まる。栄養補給をせず、筋トレによる反応の変化だけを見ても、筋トレ実施後、筋タンパク質合成反応は少なくとも48時間上昇した（Phillipsら,1997 ※右上図）。

実施した筋トレの強度や筋トレ時のコンディション、または個人差によって差はあると考えられるが、この実験結果が示すように、**筋トレ後の筋タンパク質合成の亢進は48時間継続するという認識が一般的となっている**。筋肥大効果をしっかり得るためには、筋トレ終了直後だけでなく、筋トレ終了から48時間、少なくとも24時間は特に意識してタンパク質を摂取することが重要となる。

3〜4時間間隔で摂取する

筋トレ終了後24時間のタンパク質摂取を考える時、重要となるのが摂取する間隔である。

筋タンパク質合成の反応が高い間は、できるだけ筋肉の合成が分解より優位となるように意識することが筋肥大効果を高めるポイント。人体には誰でも、筋肉の分解が進行している状態を感知する機能が備わっている。それが「空腹感」である。

空腹を感じる時は、体内の糖質が減って血糖値が低くなっている状態。それは体内のアミノ酸がエネルギーとして利用され、筋肉の分解が進行している状態でもある。つまり空腹感が強くなる前にタンパク質を摂れば、必須アミノ酸もエネルギーも補充できるため、筋肉の分解が最小限に抑えられると考えられる。

空腹感が強くなる前にタンパク質を摂るには、**だいたい3〜4時間の摂取間隔が理想**となる。それを実行するには、3食の間や就寝前にもタンパク質を摂ることが必要となる。

筋トレ後の筋タンパク質合成反応

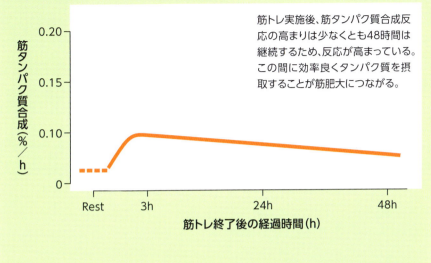

筋トレ実施後、筋タンパク質合成反応の高まりは少なくとも48時間は継続するため、反応が高まっている。この間に効率良くタンパク質を摂取することが筋肥大につながる。

(出典：Phillipsら,1997より引用改変)

筋トレ実施後24時間のタンパク質摂取（例）

就寝前食と間食を入れることにより、3〜4時間間隔でタンパク質を摂取できる。就寝中は食事できないため、就寝前には消化吸収がゆるやかなカゼインプロテインなどを選ぶと良い。

タンパク質摂取量の調整

タンパク質の摂取回数を増やすことで筋肉の合成が優位な状態を長くできる。しかし、タンパク質の摂取に生活が振り回されないよう調整することも大切。

生活のペースに合わせる

筋トレを週2～3回のペースで行う人の場合、**筋トレ実施日だけタンパク質量を増やす**方法もある。厳密には、筋トレ開始前から筋トレ終了後24時間までのタンパク質摂取量を増やし、それ以外の日は3食と就寝前のプロテインぐらいに留める。

また、忙しい日や食欲のない日などは、無理にタンパク質を摂ろうとしない心の余裕も必要である。

目的や筋トレの内容で調整

筋トレ実施日の中でも、**実施した種目によってタンパク質摂取量を増やす**方法もある。大筋群を動員して高重量を扱う多関節種目を行うと、筋肉へ与えるストレスが他の種目より強く大きくなるため、タンパク質の摂取量を増やすと効果的。

特に筋肉を大きくしたい部位を鍛えた日だけ、タンパク質摂取量を増やすというのも有効である。

ホルモン分泌を促進する多関節種目

ベンチプレス
大胸筋、三角筋、上腕三頭筋を中心に複数の筋肉が動員される。

スクワット
大殿筋、大腿四頭筋、内転筋群を中心に複数の大筋群が動員される。

タンパク質（150g／日）の摂取例

タンパク質を3〜4時間間隔で摂取する場合の摂取スケジュール例。状況に応じて加工食品やプロテインなども活用しながらタンパク質をこまめに摂る。1回の摂取量はだいたいの目安でOK。

タイミング	摂取量	適した食品	ポイント
朝	20g	卵、納豆、豆腐、焼き魚、牛乳、ホエイプロテイン、アミノ酸サプリメントなど	朝は胃にやさしい和食でのタンパク質摂取が理想。起床時は血中アミノ酸濃度が低下して筋肉の分解が進んでいるため、消化吸収の速いホエイプロテインやアミノ酸も有効。
間食	15g	ゆで卵、ツナ缶、サラダチキン、ホエイプロテインなど	間食は朝食、昼食、夕食の間隔が長い場合に摂る。間食でタンパク質を摂ることが1日の総摂取量を増やすポイント。携帯できて短時間で食べられる高タンパクの加工食品は間食に便利。
昼	20g	肉類、魚類、卵、納豆、豆腐など	肉類や魚類でタンパク質を摂取。タンパク質20gはだいたい肉類または魚類（アジ、サバ、ブリ、マグロ、鮭など）を100g程度食べれば摂取することができる。
筋トレ前（間食2）	20g	肉類、魚類、卵、ホエイプロテイン、アミノ酸サプリメントなど	筋トレの2〜3時間前に食事でタンパク質を摂り、筋トレ中に血中アミノ酸濃度が下がって筋肉の分解が進むのを防ぐ。食事の時間がない時は筋トレの30〜60分前にサプリメントで摂取。
筋トレ直後（間食3）	20〜30g	ホエイプロテイン、アミノ酸サプリメントなど	筋タンパク質合成が活発な状態なので、消化吸収の速いタンパク質を多めに摂る。筋トレ終了直後に摂取するホエイプロテインは20gを目安に。夕食の食事量に支障が出ないのであれば摂取量は30gまで増やしても良い。
夕食	25g	肉類、魚類、卵、納豆、豆腐など	調理法や食べる部位を考慮し、低脂肪の食事を心がける。夕食はサプリメントに頼らず、肉類や魚類からしっかりタンパク質を摂取する。
就寝前	20g	カゼインプロテイン、ソイプロテインなど	就寝中に血中アミノ酸濃度が下がると筋肉の分解が進むため、就寝前にも手軽にタンパク質を補給する。消化吸収がゆるやかなカゼインプロテインなどは就寝前に最適。

タンパク質摂取量の加減法

毎日140〜150gのタンパク質を摂取し続けるのが難しいという人は、日によってタンパク質摂取量を調整する加減法を用いても良い。

1
筋トレしない日は摂取量を減らす

筋トレの翌日も筋タンパク質合成はある程度活発であるため、減らすのは20〜30gが目安。（体重1kgあたり0.3g前後）

2
多関節種目を行った日だけ摂取量を増やす

大筋群が動員される多関節種目や複数部位の筋トレを行った日だけタンパク質摂取量を増やす。刺激を与えた筋肉の量で摂取量を加減する方法。

3
特定部位を鍛えた日だけ摂取量を増やす

「胸」「背中」「下半身（尻＋太腿）」など、特に筋肉をつけたい部位や筋肥大させたい部位の筋トレを行った日だけ、タンパク質摂取量を増やす方法。

第2章　タンパク質の摂り方

タンパク質摂取の習慣化

タンパク質の摂取を日常生活に組み込むためには習慣化することがポイント。間食や就寝前の摂取も三食のように習慣化することで、無理なく続けられる。

規則正しい摂取が基本

前述したように、タンパク質は3～4時間間隔で摂るのが理想。それには**間食と就寝前のタンパク質摂取**が不可欠となる。摂取間隔がバラバラでは小分けに摂る意味がなくなってしまうため、規則正しい摂取が続けられるように、1日の摂取タイミングを決めて、**日常生活のリズムにタンパク質摂取を組み入れていく。**

タンパク質摂取を日常化するには、まず起床時間を決めると良い。起床時間が固定されれば、三食のタイミングもほぼ決まってくるため、おのずと間食を摂る時間も固定される。筋トレを行う曜日や時間も毎週揃えると規則正しい摂取につながる。

タンパク質摂取を習慣化するポイント

POINT❶ 起床時間を固定する

毎日同じ時間に起床すれば朝食の時間も固定されるため、1日のタンパク質摂取タイミングが習慣化される。

POINT❷ 筋トレを行う時間を固定する

1週間の中で筋トレを行う曜日や時間を固定することによって、各曜日ごとのタンパク質摂取プランも決まってくる。

POINT❸ タンパク質を携帯する

タンパク質の摂取タイミングを逃さないために、プロテインやゆで卵、ツナ缶など短時間で食べられるタンパク質食品を常備携帯する。

第 3 章

PFC バランス

筋肉量を増やす筋肥大から体脂肪を落とすダイエットまで、食事による体づくりは、三大栄養素であるタンパク質、脂質、炭水化物（糖質）の摂取比率を調整することが基本となる。

PFCバランスの目安

筋肉を成長させたいからといって、タンパク質の摂取だけを考えるのは間違い。
同じ三大栄養素である炭水化物(糖質)、脂質との摂取バランスが重要となる。

三大栄養素の摂取比率

筋肥大を目指す場合に限らず、ウェイトアップからダイエットまで、ボディメイクに関する食生活の基本となるのは、「PFCバランス」。PFCのPはタンパク質、Fは脂質、Cは炭水化物（糖質）のこと。つまりPFCバランスとは、食事における三大栄養素の摂取比率を指す。

1日の総摂取エネルギー量（カロリー）におけるタンパク質（1gあたり4kcal）、脂質（1gあたり9kcal）、炭水化物（1gあたり4kcal）の摂取比率を、自身のボディメイクの目標に合わせて設定。PFCバランスが食生活のバランスを見る指標となる。

脂質の比率から考える

PFCバランスで最初に設定するのは1日の総摂取カロリー。そして、PFCでは最初に脂質（F）の比率を決めると良い。脂質はタンパク質や炭水化物よりカロリーが高いため、脂質から計算するとバランスを調整

しやすくなる。

厚生労働省「日本人の食事摂取基準（2015年版）」における一般成人の摂取比率の目標量は、脂質25%前後。タンパク質17%前後、炭水化物58%前後となっている。ここから脂質を減らし、タンパク質を増やすと筋肥大に効果的なバランスとなる。

体重とタンパク質摂取量

1日のタンパク質（P）摂取量の目安は、体重1kgあたりで考えるのが一般的。なぜなら体の構成材料であるタンパク質の必要量は、体の大きさによって変わるため。

運動習慣のない一般人の場合、タンパク質が不足しない最低必要量は「約1g/kg体重」であるが、筋肉づくりが必要なアスリートやトレーニーの場合は「1.4〜2.0g/kg体重」が目安となる（2017年国際スポーツ栄養学会ガイドラインより）。

また、減量中の筋量維持や体組成改善などには「〜3g/kg体重」程度の摂取が有効との考え方もある。

※ボディビルダーたちは、除脂肪体重「体重−(体重×体脂肪率)」をベースに考えることが多い。

PFCバランスの標準的な目安

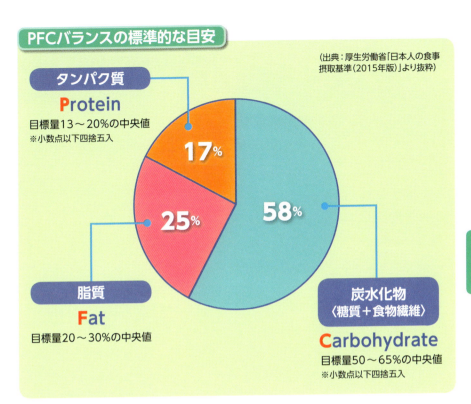

(出典：厚生労働省「日本人の食事摂取基準(2015年版)」より抜粋)

PFC摂取量(1日)の標準的な目安

※PFCバランスの標準値(P=17%、F=25%、C=58%)をもとに算出。
(※　)内の数値は女性の標準値

	標準値	算出方法
1日の摂取エネルギー量	2650kcal (※2000)	厚生労働省「日本人の食事摂取基準(2015年版)」より、身体活動レベルが普通の男性18～49歳(※女性30～49歳)の推定エネルギー必要量を抜粋
タンパク質　P=17%	113g (※85)	2650kcal×0.17＝450.5(四捨五入) → 451kcal÷4kcal/g＝112.7(四捨五入)
脂質　F=25%	74g (※56)	2650kcal×0.25＝662.5(四捨五入) → 663kcal÷9kcal/g＝73.6(四捨五入)
炭水化物　C=58%	384g (※290)	2650kcal×0.58＝1537 → 1537kcal÷4kcal/g＝384.2(四捨五入)

筋肥大を狙うPFCバランス

筋肥大を狙うPFCバランスは、脂質の比率を下げ、タンパク質を上げていく。タンパク質の摂取量は、体重1kgあたり何gになるかを目安に考える。

脂質の下限摂取目安

　筋肥大を狙ったPFCバランスの設定では、まずどこまで脂質（F）を下げるかがポイントとなる。カロリーが高い脂質（1gあたり9kcal）を減らすことで、1日の総摂取エネルギー量（カロリー）を変えずに、タンパク質（1gあたり4kcal）の摂取量を増やすことができる。

　しかし、脂質はホルモンや細胞膜の材料となる不可欠な栄養素であり、減らせる範囲には限度がある。PFCバランスでいえば、**脂質の下限は20％前後が目安。体脂肪を落としたい場合でも15％は摂取する**ように設定する。PFCバランスは無理のない範囲で設定することが重要である。

タンパク質の上限摂取目安

　P.70で解説した通り、アスリートに推奨される1日のタンパク質（P）摂取量は、体重1kgあたり1.4～2g程度。日本人（成人）の平均値となる体重66kgの男性の場合、「2g/kg体重」に相当するタンパク質は132gとなるが、この程度の量でも意識して摂らなければなかなか届かない。一般的には、**「1.4～2g/kg体重」**のタンパク質を摂っていれば筋肥大することは十分に可能である。

　筋肥大効果が見られなかった場合や筋肥大しながら除脂肪を狙う場合は、タンパク質摂取量やPFCバランスに占めるタンパク質の摂取比率を増やす必要があると考えられるが、タンパク質の過剰摂取で起こりえる体への影響を考えると、**「3g/kg体重」**を上限目安にすると良いだろう。

炭水化物で体重増減を調整

　タンパク質と脂質の摂取比率が決まれば、おのずと炭水化物（C）の摂取比率も決定する。減量期などに体重を落としたい時は、脂質とともに炭水化物（糖質）の摂取量を減らしていく。炭水化物も摂取回数を増やして小分けに摂ると、摂取量が同じでもインスリンの分泌量が減少し、脂肪の合成を抑えられる。

※インスリンの作用についてはP.80～81を参照

筋肥大を狙うPFCバランス（例）

●男性（体重：66kg）、女性（体重：53kg）の場合
※体重は日本人の成人男女の平均値（総務省統計局「日本の統計2015」より）、表中の（※　）内は女性の数値

	1日の摂取量	算出方法
エネルギー（カロリー）	2650kcal（※2000）	厚生労働省「日本人の食事摂取基準（2015年版）」より、身体活動レベルが普通の男性18〜49歳（※女性30〜49歳）の推定エネルギー必要量を抜粋
タンパク質　P=20%	133g（※100）	2650kcal×0.2=530→530kcal÷4kcal=132.5（四捨五入）
脂質　F=22%	65g（※49）	2650kcal×0.22=583→583kcal÷9kcal=64.8（四捨五入）
炭水化物　C=58%	384g（※290）	2650kcal×0.58=1537→1537kcal÷4kcal=384.2（四捨五入）

体重66kgの男性の場合、タンパク質133gは「2g/kg体重」の量に相当するため、筋肥大を狙うタンパク質摂取量としては十分。体重増も目指す場合は、体重の変化を見ながら炭水化物の摂取量を少し多くして、1日の摂取カロリーを増やすと良い。女性が筋肥大より除脂肪に比重をおくような場合は、ここから炭水化物のみを減らして1日の摂取エネルギーを150〜200kcal程度落としてみよう。

筋肥大+除脂肪を狙うPFCバランス（例）

●男性（体重：70kg）の場合

	1日の摂取量	算出方法
エネルギー（カロリー）	2450kcal	厚生労働省「日本人の食事摂取基準（2015年版）」より、身体活動レベルが普通の男性18〜49歳の推定エネルギー必要量から200kcalを制限
タンパク質　P=27%	166g	2450kcal×0.27=661.5（四捨五入）→662kcal÷4kcal=165.5（四捨五入）
脂質　F=15%	41g	2450kcal×0.15=367.5（四捨五入）→368kcal÷9kcal=40.8（四捨五入）
炭水化物　C=58%	355g	2450kcal×0.58=1421→1421kcal÷4kcal=355.2（四捨五入）

体重70kgの男性の場合、タンパク質166gは「2.4g/kg体重」の量に相当する。ボディビルなどに挑戦するなど特別な目的がなければ、これ以上の脂質減は体に負担がかかるリスクもあるためあまり推奨できない。この数値から作成した食事メニューで体重が減っていくようであれば、摂取カロリー不足で筋肥大しにくい状態と考えられるため、同じPFCバランスで摂取カロリーを増やし、体重を維持または増やしていく。

タンパク質の過剰摂取

タンパク質の摂取量を増やした場合、気になるのが過剰摂取のリスクである。
糖質や脂質より摂取過多によるリスクは低いものの、過度な摂取には要注意。

摂取量に上限値はない

糖質（炭水化物）を過剰に摂取すると肥満や糖尿病になるリスクが高まる。脂質も同様に過剰摂取していると体脂肪が増えて肥満になり、動脈硬化につながる危険も高くなる。

それに対してタンパク質は、過剰に摂っても健康問題につながるリスクが低い。厚生労働省「日本人の食事摂取基準」でもタンパク質摂取量に上限値は設定されていない。

余剰タンパク質の行方

体内のアミノ酸プール（→P.48～49参照）にストックできるアミノ酸の量には限度があるため、一度にタンパク質をたくさん摂取しても、一定量以上は筋肉の材料にならない。つまり余剰分が発生してしまう。

しかし、**余剰分のタンパク質は、アミノ基と炭素骨格部分に分離され、アミノ基のほとんどは体外へ排出される**。炭素骨格部分はエネルギー源として利用されたり、脂質や糖に変換されたりする。このためタンパク質も過剰摂取すれば体脂肪の増加につながるリスクがある。（※ただしタンパク質は脂質や糖より食事誘発性熱産生が高い。→P.43参照）

過剰摂取によるリスク

タンパク質の過剰摂取によるリスクは体脂肪の増加だけではない。

タンパク質の分解過程で発生した有害なアンモニアを無害な尿素へと変換するために肝臓が働き、その尿素を排泄するために腎臓が働く。

処理するタンパク質の量が過剰になると肝臓、腎臓がオーバーワークで疲労し、体のコンディション低下につながる可能性もある。

さらに、タンパク質の過剰摂取で体内のカルシウムが排泄されやすくなるため、タンパク質の摂りすぎが骨量の低下や骨粗しょう症につながる可能性も考えられる。

そういったリスクを避けるためにも、**タンパク質は無駄なく適量を摂取する**工夫が必要となる。

過剰に摂取したタンパク質の流れ

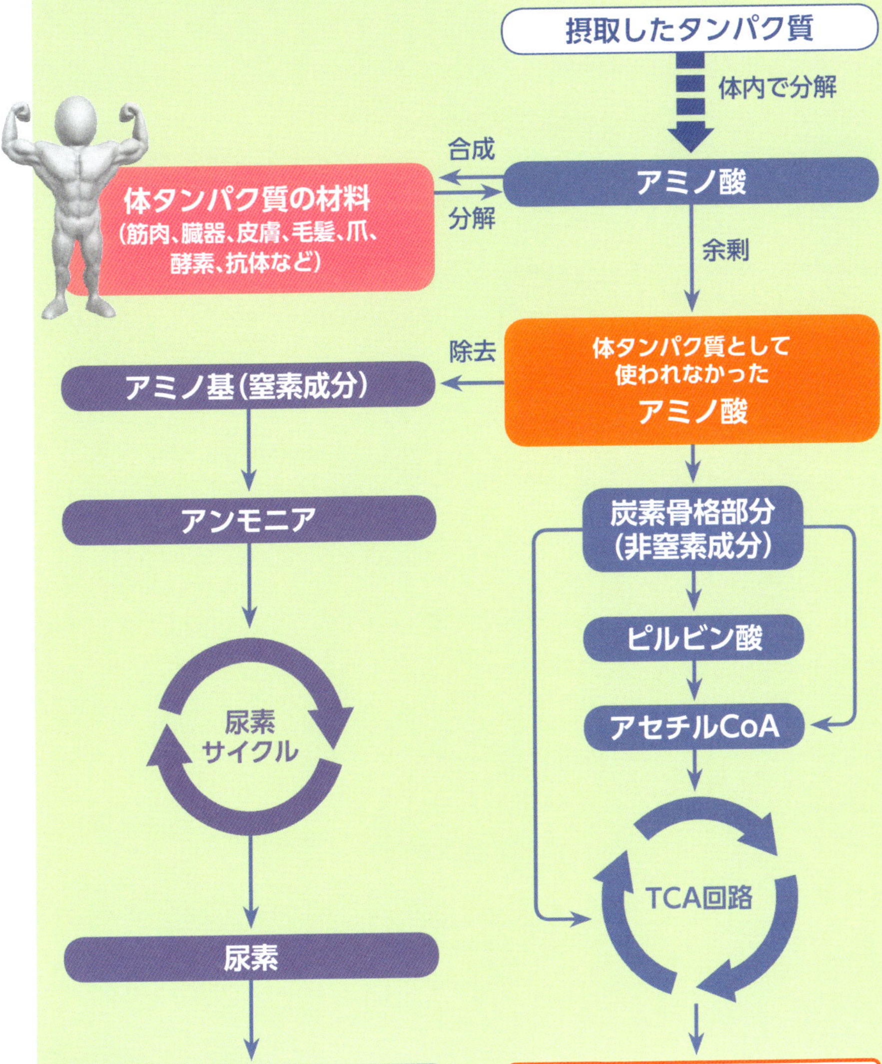

摂取したタンパク質
↓ 体内で分解

アミノ酸

合成 → **体タンパク質の材料**（筋肉、臓器、皮膚、毛髪、爪、酵素、抗体など）
分解 ←

余剰 ↓

体タンパク質として使われなかったアミノ酸

除去 → **アミノ基（窒素成分）**

↓

アンモニア

↓

尿素サイクル

↓

尿素

↓

尿として排泄

※尿素と一緒にカルシウムも排泄されるため、タンパク質の過剰摂取がカルシウム不足を招く可能性もある。日頃からタンパク質とともに必要量のカルシウムやビタミンDの摂取も心がけることが大切となる。

炭素骨格部分（非窒素成分）

↓

ピルビン酸

↓

アセチルCoA

↓

TCA回路

↓

エネルギー（ATP）

※余剰なアミノ酸の炭素骨格部分はエネルギー源として利用されるが脂質や糖にも変換される。体脂肪の増加や内臓疲労などのリスクを考えると、余剰分が出るようなタンパク質の過剰摂取は避けることが望ましい。

第3章 PFCバランス

糖質不足と筋肉の分解

PFCバランスの比率だけでなく、三大栄養素はそれぞれ密接に関係している。
タンパク質が筋肉の合成に関わるのに対し、糖質は筋肉の分解に関わる。

グリコーゲンと筋肉の関係

食事で摂取した糖質は、ブドウ糖（グルコース）に分解され、筋肉と肝臓でそれぞれ**エネルギー源となるグリコーゲン**として貯蔵される。

肝臓の「**肝グリコーゲン**」は、血糖値が低い時にグルコースとなって血液中へ放出され、脳のエネルギー源でもある血糖の量を一定に保つ。「**筋グリコーゲン**」は、血糖にはならず筋肉のエネルギー源となる。筋グリコーゲンがある程度消費されると、肝グリコーゲンから供給される血糖もエネルギー源となる。

グリコーゲンが不足すると脂肪酸（脂質）だけでなく、アミノ酸（タンパク質）もエネルギー源として使われるため、筋肉の分解が進行する。

また、糖質を摂らずに脂質の摂取量を増やし、脂質をエネルギー源とする考え方もあるが、長期化すると血液が酸性に傾くリスクなどがあるので極端な食生活は要注意である。

筋グリコーゲンと肝グリコーゲンの違い

	筋グリコーゲン	肝グリコーゲン
貯蔵場所	筋肉	肝臓
貯蔵量	300g前後（個人差あり）	80g前後（個人差あり）
主な働き	●筋肉のエネルギー源	●血糖値の調節
不足症状	●動けなくなる ●筋肉の分解が進行 （※アミノ酸をエネルギー源として消費）	●血糖値が下がる ●空腹になる（空腹感） ●糖新生によって筋肉の分解が進行

※グリコーゲン貯蔵量は、成人男性（標準体重）の目安量。

グリコーゲン不足による筋肉の分解

筋トレ・運動	空腹

筋グリコーゲンの減少
筋肉を動かすエネルギー源として筋グリコーゲンが消費されて少なくなると、体内のアミノ酸（主にBCAA）がエネルギー源として利用されるため、筋肉の分解が進行する。

肝グリコーゲンの減少
脳（脳細胞）のエネルギー源として絶えず消費される血糖の減少分を肝グリコーゲンが補い血糖値を一定に保つ。肝グリコーゲンが少なくなると筋肉を分解して糖を作り、血糖を保とうとする。

筋肉の分解が進行

分解を抑制

タンパク質摂取
食事やサプリメントで摂取したタンパク質は体内で分解されてアミノ酸となるため、筋肉の分解が抑制される。

糖質摂取
食事で糖質を摂れば筋グリコーゲンも肝グリコーゲンも回復するため、筋肉から分解されたアミノ酸を糖（グルコース）に変換する作用（糖新生）が抑えられる。

筋トレ直後の糖質摂取

筋肥大効果を高めるためには、筋トレ終了直後の栄養摂取も重要なポイント。タンパク質だけでなく、糖質も摂ることで筋肉を合成するスイッチが入る。

インスリンが筋肥大を促す

運動の終了直後、タンパク質と一緒に糖質を摂取すると、血糖値が上昇し、血糖値を下げる作用のあるインスリンが分泌される。**インスリンには筋肉の細胞へアミノ酸を送り込む働きもある**ため、筋タンパク質合成の反応がより高くなる。

さらに、運動で消費されたエネルギー源の筋グリコーゲンも、糖質を摂ることで速やかに補充される。

運動や筋トレを行った後、筋グリコーゲンが不足したままでは筋肉の分解が優位になり、筋肉の合成が促進されにくいので注意する。

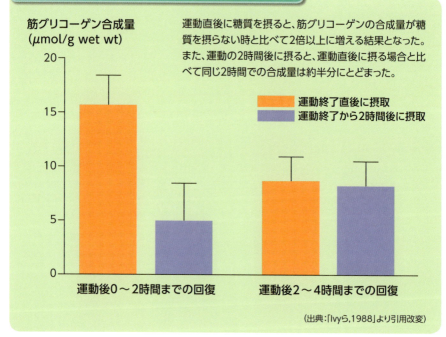

運動後の糖質摂取と筋グリコーゲンの回復

運動直後に糖質を摂ると、筋グリコーゲンの合成量が糖質を摂らない時と比べて2倍以上に増える結果となった。また、運動の2時間後に摂ると、運動直後に摂る場合と比べて同じ2時間での合成量は約半分にとどまった。

(出典：「Ivyら, 1988」より引用改変)

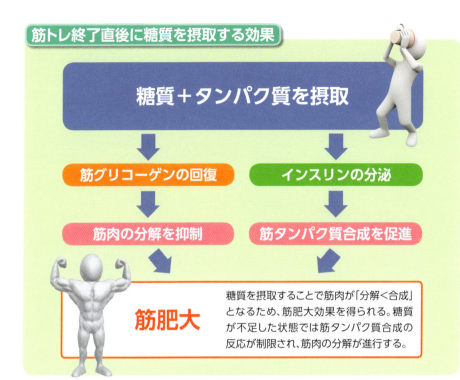

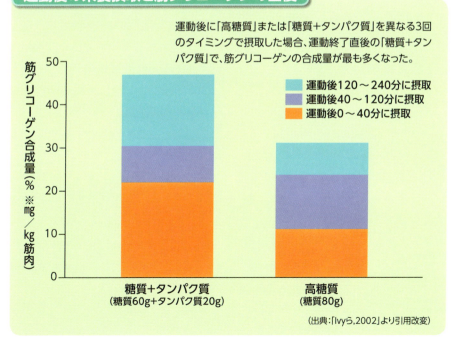

血糖値が上昇する弊害

糖質を摂ることによって、エネルギー源のグリコーゲンを補充できるものの、空腹での糖質摂取は血糖値が急激に上昇し、インスリンが過剰に分泌される。

糖質の摂取リスク

糖質（炭水化物）は主要なエネルギー源となるが、過剰に摂取したり、空腹の状態で摂取したりすると、血糖値が急激に上昇する。血液が高血糖の状態になると、生理作用で膵臓のβ細胞から**インスリン**というホルモンが分泌される。

血糖値を正常に保つ作用があるインスリンの働きで血糖値は下げられるが、高血糖の状態から**血糖値が急激に下がると空腹感をより強く感じる**ようになるため、過食につながりやすい。これが糖質を摂取することで太ってしまう一因である。

インスリンの働きと弊害

血糖値が急上昇した時、体は血糖値を急速に下げようと反応して過剰なインスリンが分泌される。

インスリンには、筋肉の細胞へアミノ酸を送り込む重要な働きがある反面、**脂肪の合成を促進して体脂肪を増やす**マイナスの働きも併せもっているため、過剰に分泌されると肥満につながってしまう。

空腹時に糖質を大量に摂取すると血糖値が急上昇するため、上昇を抑えるためには糖質をできるだけ小分けに摂ると良い。同じ摂取量でも分割して摂ることで、血糖値の上昇をかなり抑えることができる。

血糖値は上がり過ぎても下がり過ぎてもリスクがあるため、食事ではできるだけ変動する幅を抑えることが重要となる（→P.143参照）。

肥満が筋肥大を阻む

肥満は筋肥大にも影響が出るといわれている。年齢20〜49歳の男性136人のテストステロン（男性ホルモン）値を測定した実験では、30代、40代ともBMI（体格指数）の高い肥満男性は、正常なBMIの男性に比べて総テストステロン値が有意に低かった。（Endokrynologia Polska ,2014）

筋肥大を目指すには、体脂肪が増えないように注意する必要もある。

血糖値を下げるインスリンの働き

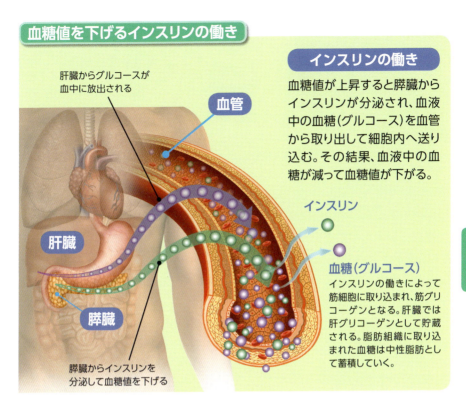

インスリンの働き

血糖値が上昇すると膵臓からインスリンが分泌され、血液中の血糖(グルコース)を血管から取り出して細胞内へ送り込む。その結果、血液中の血糖が減って血糖値が下がる。

インスリン

血糖(グルコース)
インスリンの働きによって筋細胞に取り込まれ、筋グリコーゲンとなる。肝臓では肝グリコーゲンとして貯蔵される。脂肪組織に取り込まれた血糖は中性脂肪として蓄積していく。

血糖値が急上昇するデメリット

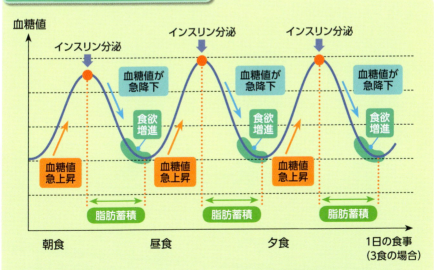

低血糖の空腹時に糖質を大量に摂取すると、血糖値が一気に上昇して高血糖になる。インスリンの働きで高血糖の状態から血糖値が急激に下がると空腹感が増幅され、過食につながる。

第3章 PFCバランス

高GI食品と低GI食品

糖質（炭水化物）を多く含んでいる食材でも、種類により血糖値反応が異なる。
食事で炭水化物を食べる際は、血糖値が上がりにくい食材を選ぶと良い。

低GI食品を賢く取り込む

　糖質（炭水化物）を含む食品には、「高GI食品」と「低GI食品」がある。GIとは、「グリセミックインデックス」の略で、食後血糖値の上昇を示す指標。GI値が高い食品ほど血糖値が急激に上昇し、インスリンが過剰に分泌される。逆にGI値が低い食品は、同じ量の糖質を摂っても血糖値は上がりにくい。

　しかし、GI値は食材の組み合わせや調理法などによっても大きく変動するため、実際の食事では個々のGI値よりもバランスの取れた食事を心がけるほうが重要といえる。

主な食品のGIレベル目安表

		穀類・麺類	野菜類	果物類	
速い　↑　血糖値の上昇　↓　遅い	高GI（GI値がかなり高い）	食パン、フランスパン、コーンフレーク、精白米、もち	にんじん、スイートコーン、じゃがいも（茹で）、ベイクドポテト、マッシュポテト	レーズン	
	中GI（GI値がやや高い）	うどん、パスタ、ロールパン、クロワッサン	かぼちゃ、とうもろこし（茹で）、フライドポテト、サツマイモ（焼き）、グリーンピース（茹で）	スイカ、ぶどう、オレンジ、パイナップル、バナナ、キウイフルーツ、メロンなど	
	低GI（GI値が低い）	玄米、五穀米、そば、全粒粉パン、ライ麦パン、オールブラン	上記以外の野菜	りんご、グレープフルーツ、洋梨、さくらんぼ、桃、プラム	

（出典：各研究機関が算出した数値をもとに暫定的なGIレベルを割り出して振り分け）

低GI食品のメリット

高GI食品	低GI食品
血糖値が上がりやすく、下がりにくい性質をもつ。	血糖値が下がりやすく、上がりにくい性質をもつ。
食後に血糖値が急上昇して過剰にインスリンが分泌される。	食後も血糖値が急上昇せず適量のインスリンが分泌される。
過剰に分泌されたインスリンが脂肪の合成を促進する	インスリンが適量であるため脂肪の合成量も抑えられる。
体脂肪の増加	**体脂肪の増加防止**

肉類・魚介類	卵・乳製品	豆類	菓子類	調味料
なし	練乳	なし	砂糖を使った菓子・ケーキ類全般、せんべい	上白糖、グラニュー糖、黒砂糖、氷砂糖、はちみつ、メープルシロップ
なし	アイスクリーム	こしあん、つぶあん	ポップコーン、ポテトチップス、チョコレート	なし
ほとんどの肉類・魚介類が低GI（※ちくわは中GIに近い）	チーズ、ヨーグルト（無糖タイプ）、バター、牛乳、卵（鶏卵）など	油揚げ、豆腐、おから、納豆、大豆、枝豆、豆乳、ピーナッツなど	ナッツ類（砂糖不使用）、ブラックチョコレートなど	上記以外の調味料 ※糖質でも果糖、オリゴ糖は血糖値が上昇しない

第3章 PFCバランス

脂質と筋肥大の関係

体脂肪が増えると肥満体型になり、健康面でもさまざまなリスクにつながるが、脂質の摂取は人体に不可欠であり、摂取不足になると筋肥大にも影響が及ぶ。

脂質とホルモン分泌の関係

前述した通り、脂質はホルモンや細胞膜の材料でもあるため、いくら体脂肪を減らしたくても必ず摂取する必要がある。PFCバランスでいえば、減量中でも15%は摂取することが望ましい（→P.72参照）。

さらに、これまでの研究においても、脂質の摂取量を減らした低脂肪食を摂り続けることによって、筋肉の成長に関わるテストステロン（男性ホルモン）の分泌量が減少したという報告が多数ある。

脂質摂取とテストステロン

トレーニーを対象に、脂質摂取量とテストステロンとの関係について調べた研究報告もある。

筋トレを習慣的に行っている20代男性を対象に、16日間の食事記録から算出された栄養素摂取量と、筋トレ開始前の血中テストステロン濃度との関係を調べたところ、脂質の摂取量とテストステロン濃度との間に は有意な正の相関が見られた（Volekら,1997 ※右上図）。

また、各脂肪酸の摂取量も算出し、脂肪酸の種類ごとに検討した結果、飽和脂肪酸および一価不飽和脂肪酸の摂取量とテストステロン濃度との間にも有意な正の相関が見られた（※右下図）。その一方で、飽和脂肪酸摂取量に対する多価不飽和脂肪酸摂取量の割合との間には、有意な負の相関が観察された。

脂質は摂取した「量」だけではなく、**摂取した「質（種類）」もテストステロン濃度に影響を及ぼす可能性がある**と考えられる。

しかし、各脂肪酸の摂取効果に関係なく、脂質は高カロリーであるため、過剰摂取には要注意である。

脂質摂取量は食用油やドレッシング、バターといった食材以外の脂質も含めて計算する。

脂質摂取量と血中テストステロン濃度の関係

20代男性を対象とした16日間の食事調査における脂質摂取量と、血中テストステロン濃度の数値は、有意に正比例する結果となった。

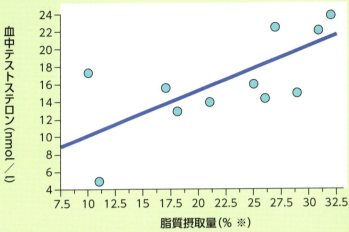

※1日の摂取エネルギー量に占める脂質由来エネルギー量の割合

$P<0.01$(有意に相関)　　　　　　　　　　　　　　(出典:「Volekら,1997」より引用改変)

飽和脂肪酸摂取量と血中テストステロン濃度の関係

20代男性を対象とした16日間の食事調査における飽和脂肪酸摂取量と、血中テストステロン濃度も正比例する結果が出た。

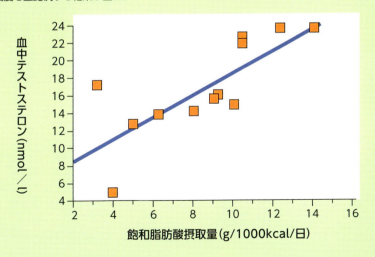

$P<0.01$(有意に相関)　　　　　　　　　　　　　　(出典:「Volekら,1997」より引用改変)

脂肪酸の摂取バランス

脂質は摂取量だけではなく、摂取する脂肪酸の種類まで考慮する必要がある。摂取効果の高い脂肪酸を優先的に摂れば、筋肥大にも健康維持にもつながる。

n-3系脂肪酸を優先する

同じ摂取カロリーでも、摂取した脂肪酸によって得られる効果は異なってくる。食事から摂取する機会の多い飽和脂肪酸は、悪玉のLDLコレステロールを増やすデメリットなどがあるため、1日の摂取量にも上限値が設定されている。

優先的に摂取するべき脂肪酸は、**n-3系の多価不飽和脂肪酸（オメガ3脂肪酸）**。n-3系の代表格である**DHA・EPA**はマグロ（トロ）やサバ、サンマ、ブリなどの青魚やうなぎに多く含まれている。

このn-3系脂肪酸には、中性脂肪を減らす働きや血液をサラサラにする作用があるため、摂取することに

DHA・EPAの摂取と筋力増加の関係

魚油のサプリメントを飲みながら筋トレを3カ月間行った高齢女性グループと、筋トレのみを行った高齢女性グループの筋力変化を比較。筋トレのみの群よりも、魚油サプリメントを併用した群のほうが最大筋力の増加は有意に大きかった。

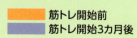

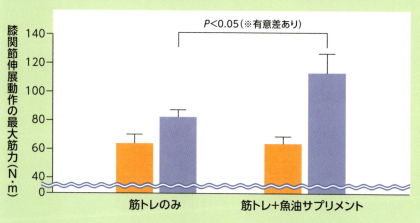

（出典：「Rodackiら,2012」より引用改変）

よって心筋梗塞や脳卒中などの予防効果が期待できる。

さらに、最近では**筋肉に対する効果**も注目されている。

DHA・EPAを摂取することで、筋肉の合成や筋トレによる筋力アップ効果がより高まったという研究報告が複数発表されている（Rodackiら,2012 ※左図）。

これはn-3系脂肪酸が筋肉の細胞膜に働きかけた結果、筋トレ効果の反応が高まった可能性が考えられる。

優先的に摂取したい脂肪酸ランキング

優先順位	❶ n-3系 多価不飽和脂肪酸 （※必須脂肪酸）	❷ 一価不飽和 脂肪酸	❸ n-6系 多価不飽和脂肪酸 （※必須脂肪酸）	❹ 飽和脂肪酸
1日の目標量または目安量	●18〜29歳 男性2.0g、女性1.6g ●30〜49歳 男性2.1g、女性1.6g ●50〜69歳 男性2.4g、女性2.0g	なし	●18〜29歳 男性11g 女性8g ●30〜69歳 男性10g 女性8g	1日の総摂取エネルギー量の7%以下
多く含む食材	（α-リノレン酸） ●亜麻仁油 ●えごま油(しそ油) ●チアシードオイル など （DHA、EPA） 青魚、マグロ(トロ) うなぎなど	●オリーブオイル ●キャノーラ油 （菜種油） ●紅花油 など	（リノール酸） ●ひまわり油 ●綿実油 ●コーン油 ●大豆油 ●ゴマ油 など	（動物系） ●バター ●牛脂 ●ラード （植物系） ●パーム油 ●ヤシ油 ●ココナッツオイル など
主な摂取効果	中性脂肪の減少、血栓の抑制、脳神経機能の向上などさまざまな健康効果をもつ。α-リノレン酸は体内でDHAおよびEPAに変換される（※変換率は摂取量の10〜15％程度）。	悪玉のLDLコレステロールを減らす作用がある。酸化に対する安定性が高い。過剰に摂取すると肥満や冠動脈疾患のリスクが示唆されているので注意する。	リノール酸は必須脂肪酸。悪玉のLDLコレステロールを減らす作用がある。過剰摂取で乳がんや心筋梗塞の発症率を高めることが認められているため注意。	体内でアセチル-CoAからも合成される。悪玉のLDLコレステロールを増やす作用があり、過剰に摂取すると動脈硬化性疾患のリスクが高まると考えられる。

※目標摂取量の数値は厚生労働省「日本人の食事摂取基準(2015年版)」より抜粋

糖質と脂質の代謝関係

糖質と脂質は、どちらも運動時に体を動かすエネルギーとして代謝される。この2つのエネルギー源が筋トレなどの運動時にバランス良く消費される。

エネルギー代謝の優先順位

人間は基本的に、糖質と脂質がエネルギー源となるが、**エネルギー源として使われる優先順位は、運動の時間（長さ）や強度で変わってくる。**

筋トレや短距離走といった瞬発力を発揮する無酸素系の運動では、酸素がなくてもエネルギーとして代謝される糖質が主なエネルギー源となる。

逆に長距離走のような酸素を必要とする持久系の運動では、酸素を使って代謝される脂質が主なエネルギー源となっている（※下図）。

筋トレでは、主に糖質（筋グリコーゲン）がエネルギー源となるが、低強度の運動においては脂質が主なエネルギー源となる（※右上図）。

また、脂質の代謝においても優先順位があり、血液中を遊離している血中遊離脂肪酸から代謝される。

筋細胞内の脂肪や内臓脂肪、皮下脂肪もエネルギー源となるが、皮下脂肪は毛細血管が発達していないため分解されにくく、エネルギー源として利用されるのも最後になる。

運動時間によるエネルギー源の変化

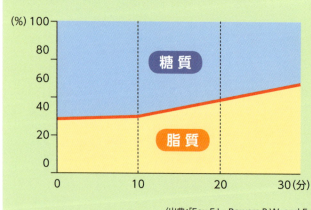

30分間の運動を行う場合、開始から10分ぐらいまでは糖質がメインのエネルギー源として代謝されるが、脂質も開始時から代謝される。開始から20分が過ぎたあたりからは脂質がメインのエネルギー源となって代謝される。

（出典:「Fox E.L., Bowers R.W. and Foss M.L., 1993」より引用改変）

運動強度によるエネルギー源の変化

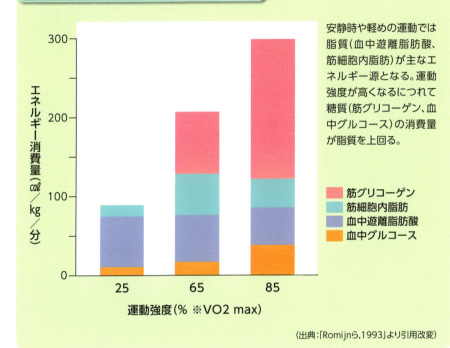

安静時や軽めの運動では脂質(血中遊離脂肪酸、筋細胞内脂肪)が主なエネルギー源となる。運動強度が高くなるにつれて糖質(筋グリコーゲン、血中グルコース)の消費量が脂質を上回る。

(出典:「Romijnら,1993」より引用改変)

エネルギーとして代謝される体脂肪の優先順位

血中遊離脂肪酸や筋細胞内脂肪は量に限りがあるため、ある程度代謝されると内臓脂肪もエネルギー源として使われる。皮下脂肪は分解されにくい性質であるため、有酸素運動を行っても短時間では代謝されない。代謝するには有酸素運動をある程度長時間行う必要がある。

	体脂肪の種類	蓄積場所	特徴
利用されやすい	血中遊離脂肪酸	血液中	リポタンパクに含まれない形で血液中に存在する脂肪酸であり、エネルギー源としての利用効率が高い。肝臓などの働きで一定量に調節されている。
利用されやすい	筋細胞内脂肪	筋細胞	筋細胞内に蓄えられる中性脂肪で、主に有酸素運動のエネルギー源となる。大量には蓄えられないため、体型に影響を及ぼすことはほとんどない。
利用されにくい	内臓脂肪	内臓まわりの脂肪細胞	内臓を支えている腸間膜に蓄積する中性脂肪。代謝の反応が高くエネルギー源として使われるが、増えすぎると動脈硬化や生活習慣病のリスクが高まる。
利用されにくい	皮下脂肪	全身の皮下にある脂肪細胞	全身の皮下表層に蓄えられる中性脂肪。増えすぎると肥満体型になる。代謝の反応が低くエネルギー源として使われにくいため、内臓脂肪より減りにくい。

第3章 PFCバランス

乳酸の筋肥大効果

高強度の筋トレや激しい運動を行うと、体内には乳酸という物質が生成される。
乳酸は疲労の原因とされてきたが、実際は疲労回復や筋肥大に貢献する。

糖質代謝による乳酸の生成

筋トレのような無酸素系の瞬発的な運動を行うと、筋肉の細胞内で糖質がエネルギーとして代謝され、体内ではエネルギーとなるアデノシン三リン酸（ATP）が産生される。

この時の糖質が分解される過程では「乳酸」も生成される。乳酸は筋トレや運動の強度が高くなるほど生成量が多くなる。無酸素性代謝物である乳酸の蓄積は筋肉へのストレスとして脳に伝達され、下垂体からの**成長ホルモンの分泌を促進**する。

さらに乳酸には、筋肉疲労の原因とされる筋肉からのカリウムイオン流出を抑制する働きや、脳神経細胞のエネルギー源としての働きもあり、筋肥大効果を高める重要な役割を果たしている。

重要な筋トレ前の糖質摂取

筋トレによる筋肥大効果をしっかり得るためには、**筋トレ中に糖質を代謝して乳酸を発生させる**ことも重要なポイント。筋トレ前の糖質摂取には、エネルギー源を補給するだけでなく、乳酸を生成して成長ホルモンの分泌を促す効果もある。

エネルギー源となるグリコーゲンの貯蔵量

糖質摂取量が異なる男性の筋グリコーゲンと肝グリコーゲンの貯蔵量をそれぞれ計測。糖質の摂取量でグリコーゲン貯蔵量は増減する。混合食における糖質の摂取量は摂取基準量。

貯蔵部位	グリコーゲン貯蔵量		
	混合食	高糖質食	低糖質食
肝臓	40〜50g	70〜90g	0〜20g
筋肉	350g	600g	300g

※サンプルは体重70kgの成人男性。

（出典：「Saltinら,1988」より引用改変）

筋トレ前の糖質摂取効果

筋トレ前には必ず糖質を摂取する。筋トレ中に糖質（グリコーゲン）が不足すると、筋肉の分解が進行するだけでなく、乳酸の生成が減って成長ホルモンの分泌も促進されない。

筋トレの1～2時間前に炭水化物（糖質）を摂取

↓

筋トレ開始

↓

トレーニング中

糖質 —代謝→ エネルギー（ATP）

高負荷のトレーニングを行うほど糖質が代謝されるため、より多くの乳酸が生成される。

←生成— 乳酸 乳酸 乳酸

↓

筋トレ効果を高める乳酸の働き
- 成長ホルモンの分泌を促す（筋肥大の促進）
- カリウムイオン流出を抑えて筋肉疲労を緩和
- 脳の神経細胞にエネルギー源として使われる

セルフチェックの重要性

筋肥大からダイエットまで、体づくりの魅力は自分で成果を確認できるところ。セルフチェックをすることで、自分に合った食事や筋トレのメニューが分かる。

肉体の変化で成果を確認

本書で解説している筋肥大のメソッドは、あくまで学術的根拠や研究報告にもとづいた基本理論。肉体の成長には個人差があるため、万人に効果が表れるというものではない。

実際、ボディビルダーやアスリートでも、行っている筋トレメニューや食事内容、タンパク質摂取量、PFCバランスなどは人それぞれ。また、体づくりの目的も人によって異なるため、基本理論をベースに自分の体や目的、生活に合ったメソッドを作り上げることが大切となる。

体重を計り、鏡で肉体を見れば現状のメソッドが有効かどうかは一目瞭然。日々肉体の変化をチェックしながら、食事や筋トレの内容を自分で試行錯誤をしてみよう。

セルフチェックの方法

●体重チェック　　●肉体チェック（筋肉の成長を目で確認）

痩せちゃった……

筋肉ついた!!

第4章

筋肥大に有効な栄養素

筋肉の合成に関わる栄養素はタンパク質だけではない。特定のアミノ酸からビタミン、ミネラルにいたるまで、数多くの栄養素がさまざまなアプローチで筋肥大に貢献している。

筋肥大に貢献する栄養素

筋肥大に関与する栄養素は、PFC（タンパク質・脂質・糖質）だけではない。
筋肉の成長には、さまざまな栄養素が直接的または間接的に貢献している。

多様な栄養素が働く筋肥大

筋肥大効果を高める栄養素とは、主に筋タンパク質合成を促進する栄養素を指す。この章で取り上げるのは、いずれも効果に科学的根拠があり、これまでの研究でも効果が確認されている栄養素。なかでもビタミン・ミネラル類に属する必須栄養素は、健康維持にも必要な栄養素となるため、自分の食生活と照らし合わせ、摂取量が不足している栄養素がないかチェックすると良い。

筋トレを続けていても効果が出ない人や、筋肥大が行き詰まっているという人は、特定のアミノ酸をサプリメントで摂取することも有効となるが、筋肥大効果を実感できる栄養素は人それぞれ異なるため、特定の栄養素の摂取量を増やす場合は、自分で摂取効果を確かめながら、自分の体に合う栄養素を見極める。

同じ栄養素でも摂取量や摂取タイミングで効果が変わってくるため、適正な摂取が基本。また効果を実感しても過剰摂取に注意する。

筋タンパク質合成への貢献

筋タンパク質合成に貢献する働きには、合成の材料となるタンパク質や必須アミノ酸を補給する直接的な貢献だけでなく、タンパク質の代謝をサポートしたり、筋タンパク質合成を促すテストステロン（男性ホルモン）や成長ホルモンの分泌を促進したりする間接的な貢献もある。

また、間接的貢献には多様なアプローチがあるため、どれか特定の栄養素を選ぶよりも、各栄養素をバランス良く摂取することが望ましい。

コンディションの重要性

筋肥大を促すホルモン分泌を活発にするのは高強度の筋トレ。低強度の筋トレではホルモンの分泌量も少なくなる。しかし、ハードなトレーニングを継続するにはコンディションの維持・向上が必要となるため、筋トレにおける筋力（筋出力）の発揮や疲労回復に効果的な栄養素を摂ることも筋肥大への貢献につながる。

※最近の研究では低強度の筋トレでもオールアウトまで反復することでホルモン分泌が活発になることが報告されている。

筋肥大に貢献する主な栄養素

●筋肥大の促進

目的	主な栄養素	筋肥大への効果
タンパク質の補給	●タンパク質 ●必須アミノ酸 ●BCAA（必須アミノ酸の一部）	筋肉の材料となるタンパク質（アミノ酸）を摂取する。血中アミノ酸濃度の低下を防いで筋肉の分解を抑制する。
タンパク質の代謝をサポート	●ビタミンB群　（特にB$_6$） ●亜鉛	摂取したタンパク質の体内での利用効率を上げることによって、筋タンパク質合成を促進する。
テストステロン（男性ホルモン）の分泌を促進	●ビタミンD ●脂質	テストステロンの分泌量を維持または向上させる作用があり、筋タンパク質合成の促進に貢献する。
成長ホルモンの分泌を促進	●アルギニン（非必須アミノ酸） ●グルタミン（非必須アミノ酸） ●シトルリン（アミノ酸の一種）	筋トレや運動を行うことによって増える成長ホルモンの分泌をより活発にすることで、筋タンパク質合成を促す。
筋タンパク質合成反応の促進	●BCAA ●アルギニン ●シトルリン ●ビタミンD ●亜鉛	筋タンパク質合成を促すシグナル伝達物質の活性化。血流量の増加。筋タンパク質合成に作用する酵素の働きをサポート。これらの働きによって筋タンパク質合成の反応を高める。

●コンディションの維持・向上

目的	主な栄養素	筋肥大への効果
筋出力の持続・向上	●クレアチン（アミノ酸の一種） ●BCAA（必須アミノ酸の一部） ●シトルリン（アミノ酸の一種） ●アルギニン（非必須アミノ酸）	筋肉を動かすエネルギーを生成したり、血流を促したりすることで、筋肥大に効果的な高負荷のトレーニングで強い力が発揮できる状態を維持する。
疲労回復	●ビタミンB群 ●BCAA（必須アミノ酸の一部） ●イミダゾールジペプチド ●クエン酸　など	体や筋肉に疲れが残らないように疲労回復することによってケガを防ぎ、高強度のトレーニングを継続することが可能となる。
抗酸化作用	●カロテノイド（β-カロテン、リコペンなど） ●ビタミンCおよびE ●イミダゾールジペプチド ●コエンザイムQ10　など	高強度の筋トレや激しい運動によって生成される活性酸素を抑えることで、体の機能低下や老化を防ぎ、高強度のトレーニングが継続できる体を維持する。
体脂肪の減少・増加抑制	●カルニチン ●コエンザイムQ10 ●α-リポ酸 ●HCA（ガルシニア） ●フォルスコリン ●カフェイン　など	脂肪の合成を抑え、代謝を促進することで肥満を防ぐ。体脂肪が増えると筋肉の成長に貢献するテストステロン（男性ホルモン）の分泌が低下するなど、筋肥大に悪影響を及ぼすリスクが高まる。

※「疲労回復」に有効な栄養素については6章のP.148、「抗酸化作用」のある栄養素についてはP.149を参照。

BCAA（分岐鎖アミノ酸）

筋肉の分解を抑制、筋タンパク質合成の促進、疲労回復

筋肉を動かすエネルギー源

BCAAとはバリン、ロイシン、イソロイシンという3種類の必須アミノ酸の総称。分子構造から分岐鎖アミノ酸とよばれ、筋肉を構成するタンパク質の約35％を占めている。

筋トレや運動でエネルギー源となるグリコーゲンが減少すると、筋肉中のBCAAが筋肉を動かすエネルギー源として消費され、筋肉の分解が進行する。しかし、筋トレ前や筋トレ中にBCAAを補給すると、**血液中のBCAA濃度が高まり、筋肉の分解を抑えることができる。**

また、BCAAは他の必須アミノ酸と異なり、肝臓ではなく直接筋肉で代謝されるため、摂取しても肝臓には負担がかからず、素早く筋肉に届くといった長所もある。

BCAAの特徴

BCAAは筋タンパク質の約35％を占めている
筋肉を構成するタンパク質（筋タンパク質）の総アミノ酸量のうち約35％を占めている。

BCAAは筋トレで激しく消費される
筋トレや運動を行うと筋肉に含まれるBCAAが筋肉を動かすエネルギー源として消費される。

肝臓ではなく筋肉で代謝
他の必須アミノ酸と異なり、肝臓を素通りして、素早く筋肉で代謝される。

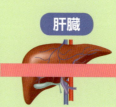

肝臓

BCAAの多様な摂取効果

BCAAの中でもロイシンには、筋タンパク質合成を促すシグナルの伝達物質m-TORの働きを活性化させる作用がある。さらに、BCAAを摂取すると疲労物質の生成が抑えられ、疲労の軽減・回復にも効果を発揮する。

ただし、BCAAはタンパク質（特に動物性タンパク質）に含まれているアミノ酸であり、タンパク質と一緒に摂取できるため、こまめにタンパク質を摂っていれば、BCAAサプリメントは必要ないという考え方もある。1回の摂取量は目的や状況で異なるが、5〜10g程度が目安となる。

BCAAの主な摂取効果

摂取効果	筋肥大に及ぼす作用	摂取タイミング
❶筋肉の分解を抑える	筋トレや運動で消費されたBCAAを補充し筋肉の分解を抑制。筋タンパク質の分解経路のひとつ、ユビキチン-プロテアソーム系を阻害し分解を抑える。	●筋トレ前 ●筋トレ中 ●筋トレ直後
❷筋タンパク質合成の促進	筋肉の材料となり、ロイシンには筋タンパク質合成を促すシグナル伝達物質m-TOR（エムトール）の働きを活性化させる作用もある。	●筋トレ終了30分前 ●筋トレ直後
❸筋グリコーゲンの回復を促す	ロイシンにはインスリンの分泌を促す作用があるため、筋トレや運動で消費された筋グリコーゲンの回復を促進することによって筋タンパク質合成の反応低下を防ぐ。	●筋トレ直後
❹疲労の軽減・回復	疲労物質であるセロトニンの生成を抑制し、疲労感を軽減する。筋トレ前に摂取すると筋トレ中のエネルギー切れを防いで体力維持できる。	●筋トレ前 ●筋トレ中 ●筋トレ後

主要な食品のBCAA含有量

食品 100g中の含有量	バリン (g/100g)	ロイシン (g/100g)	イソロイシン (g/100g)	計(BCAA) (g/100g)
鶏むね肉（皮なし）	1.2	1.9	1.1	4.2
豚ロース（脂身なし）	1	1.7	0.95	3.7
牛肩ロース（脂身なし）	0.8	1.3	0.74	2.8
サバ	1.1	1.6	0.93	3.6
マグロ（赤身）	1.3	2	1.2	4.5
鶏卵（全卵）	0.76	1	0.61	2.4
糸引き納豆	0.83	1.3	0.76	2.9
木綿豆腐	0.33	0.56	0.32	1.2
白米	0.35	0.5	0.24	1.1
食パン	0.37	0.61	0.31	1.3

（出典：文部科学省「日本食品標準成分表（2015年版七訂）」より抜粋）

第4章 筋肥大に有効な栄養素

アルギニン（非必須アミノ酸）

成長ホルモンの分泌促進、筋タンパク質合成の促進（※一酸化窒素の生成）

血液量を増やす一酸化窒素

アルギニンは、体内で合成できる非必須アミノ酸に属するが、合成量だけではやや不足しやすいことから**準必須アミノ酸**ともいわれている。

アルギニンには、**脳下垂体を刺激して成長ホルモンの分泌を促す**働きがある。さらに、一酸化窒素（NO）の生成も促進する。一酸化窒素には血管を拡張して血流量を増大させる作用があるため、筋タンパク質合成反応の高まりが期待できる。

サプリメントなら筋トレの1時間前ぐらいに5g程度摂取するのが目安。1日に2〜3回摂取する人もいる。

食材では、脂身の少ない鶏むね肉や豚ヒレ肉、マグロ（赤身）などに多く含まれ、ソイプロテインにも豊富に含まれている。

アルギニンの摂取効果

アルギニンを摂取
↓
一酸化窒素（NO）を生成 → 血流量が増える → 筋肉へ多くのホルモンやアミノ酸が送られる → **筋タンパク質合成を促進**
成長ホルモンの分泌を促進 → **筋タンパク質合成を促進**

アルギニンを多く含む食品

食品	含有量 (g/100g)
鶏むね肉（皮なし）	1.5
鶏もも肉（皮なし）	1.5
豚ロース（脂身なし）	1.4
豚ヒレ肉	1.4
マグロ（赤身）	1.4
紅鮭	1.4
するめ（あたりめ）	4.7
遊離大豆タンパク	6.7
きな粉	2.8
カゼイン（乳タンパク）	3.3

（出典：文部科学省「日本食品標準成分表（2015年版七訂）」より抜粋）

グルタミン（非必須アミノ酸）

筋肉の分解抑制、成長ホルモンの分泌促進、疲労回復（※免疫力の向上）

疲労や免疫力の回復に効果

グルタミンも体内で合成できる非必須アミノ酸。**筋肉に含まれている遊離アミノ酸の中で最も多く存在**し、約40%を占めている。

通常の食生活をしていれば不足することは少ないが、ケガや風邪、激しい運動などで体にストレスがかかると、大量に消耗して不足しやすくなるため、**準必須アミノ酸**ともいわれている。体内の遊離グルタミンが減ると、筋肉の分解が進行する。

またグルタミンは、血流を良くする一酸化窒素（NO）や、筋肉の成長に関わる成長ホルモンの分泌を促進する作用がある。さらに、免疫細胞や消化管のエネルギー源として**免疫機能の向上や疲労回復にも貢献する**。

サプリメントで摂取する場合は、筋トレの前後に5〜10g程度摂取するのが目安となる。

グルタミンの摂取効果

グルタミンを摂取
↓　　　↓
筋肉中のグルタミンを補充　／　免疫細胞や消化管のエネルギーに
↓　　　↓
筋肉の分解を抑制　／　疲労回復、免疫機能の向上

グルタミンを多く含む食品

グルタミンは熱に弱い性質があるため、加熱調理すると摂取効率が悪くなるので注意。

刺身

生卵

シトルリン（※アミノ酸）

成長ホルモンの分泌促進、筋タンパク質合成の促進（※一酸化窒素の生成）

体内でアルギニンに変換

シトルリンはアミノ酸の一種であるが、タンパク質の合成には関与せず、遊離アミノ酸として存在する。

シトルリンは**体内でアルギニン（→P.98）に変換される**ため、一酸化窒素（NO）を生成して血管を拡張する作用がある。

アルギニンは体内で有害なアンモニアを尿素へと変換する尿素回路（オルニチンサイクル）において、オルニチンを経てシトルリンに変化する。そのシトルリンは再びアルギニンの生成に利用される。

摂取したシトルリンもアルギニンに変化するが、アルギニンより吸収効率が良く摂取効果も高い。サプリメントではアルギニンと一緒に配合して効果を高めた商品も出ている。

サプリメントでシトルリンを摂るなら、アルギニンと同様に筋トレの1時間前ぐらいのタイミングで5g程度摂取するのが目安となる。

シトルリンの摂取効果

体内でシトルリンはアルギニンに変換され、一酸化窒素を生成して血管を拡張。血流量が増えることで筋肉へ多くのホルモンやアミノ酸が送られ、筋タンパク質合成の反応が高まる。脳の下垂体を刺激して成長ホルモンの分泌も促す。

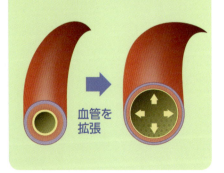

シトルリンを多く含む食品

シトルリンはアルギニンより毎日の食事から摂取することが難しい。食材ではスイカやメロン、冬瓜、キュウリなどウリ科の植物に多く含まれている。

クレアチン（※アミノ酸）

筋出力の持続・向上

強い力を持続して出せる

クレアチンは、肝臓、腎臓、膵臓で合成されるアミノ酸の一種。90％以上が筋肉中に含まれ、体内にあるクレアチンの約60％はクレアチンリン酸として存在している。

筋肉が力を発揮する時、ATP（アデノシン三リン酸）が分解されてADP（アデノシン二リン酸）へ変化する過程で発生するエネルギーが使われる。しかし、体内のATPには限りがあり、**筋肉の出力を持続させるにはATPの再合成が必要**となる。

クレアチンには、クレアチンリン酸としてATPを再合成する働きがあるため、摂取することで**高強度の筋トレをより長い時間継続できる**。

サプリメントなら1日1回食後に3〜5gの摂取が目安となる。

第4章 筋肥大に有効な栄養素

クレアチンの摂取効果

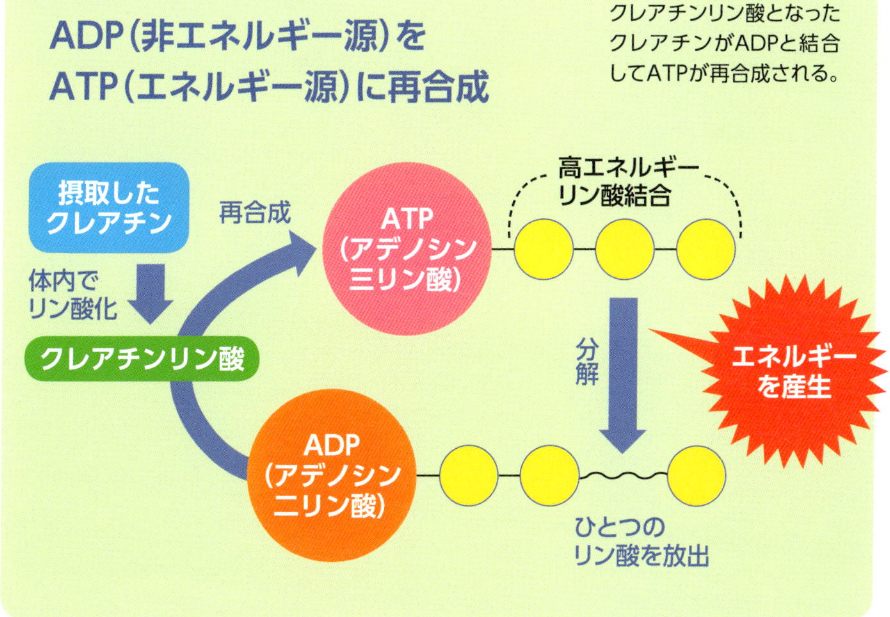

ADP（非エネルギー源）をATP（エネルギー源）に再合成

クレアチンリン酸となったクレアチンがADPと結合してATPが再合成される。

摂取したクレアチン
再合成
体内でリン酸化
クレアチンリン酸
ATP（アデノシン三リン酸）
高エネルギーリン酸結合
分解
ADP（アデノシン二リン酸）
ひとつのリン酸を放出
エネルギーを産生

※食材では豚肉や牛肉、アジなどに含まれているが、クレアチンは熱に弱いためサプリメントのほうが摂りやすい。

ビタミンB6

タンパク質の代謝をサポート

筋タンパク質合成を促す

ビタミンB6は、筋タンパク質合成に最も貢献すると考えられるビタミン。タンパク質とともに食事からしっかり摂取する。

体内でビタミンB6は、アミノ酸の代謝に不可欠な酵素の作用を助ける補酵素として働き、摂取したタンパク質の利用効率を高める。

アミノ酸から別のアミノ酸を生成する反応にも補酵素として働き、筋タンパク質合成の促進に貢献する。

さらに、アミノ酸がエネルギー源として利用される場合にもビタミンB6は必要である。

腸内細菌から生成されるビタミンでもあるため、欠乏症になることは少ないが、タンパク質の摂取量が多い人ほどビタミンB6の必要量も増え

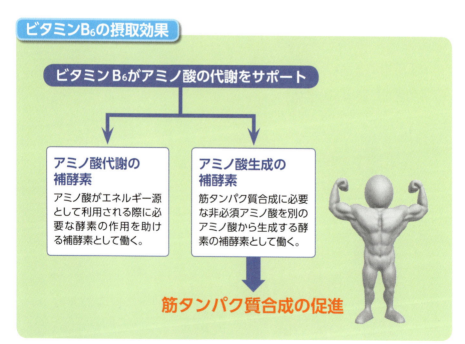

ビタミンB6の摂取効果

※摂取推奨量の数値は、厚生労働省「日本人の食事摂取基準(2015年版)」より抜粋。
　(タンパク質の推奨量からビタミンB6の推奨量が算出されている)

るため、**ビタミンB6が不足していると、いくらタンパク質を摂っても利用効率が悪くなってしまう。**

　また、摂取したビタミンB6が体内で活性化されるためには、同じB群であるビタミンB2の働きが必要となるため、**B6はB2と一緒に摂る**ことを意識すると良い（ビタミンB2は、レバーや卵の黄身、納豆などに多く含まれている）。

鶏肉、レバー、青魚から摂る

　ビタミンB6は、マグロやカツオ、サバなどの青魚やレバー、鶏肉などに多く含まれている。穀物やナッツ類などにも含まれているものの、植物性食品から摂取できるビタミンB6は利用効率が低いため、動物性食品から摂ったほうが良いとされる。水に溶ける水溶性ビタミンであるため、調理の際に水分と一緒に流れ出てしまうので注意する。

　ビタミンB6の1日摂取推奨量（18〜49歳）は、男性が1.4mg/日、女性が1.2mg/日（※ビタミンB2の1日の摂取推奨量は、男性が1.6mg/日、女性が1.2mg/日）。

第4章　筋肥大に有効な栄養素

ビタミンB6を多く含む食材

食品	含有量 (mg/100g)
にんにく	1.53
ビンナガマグロ	0.94
マグロ（赤身）	0.85
マグロ（脂身）	0.82
カツオ	0.76
サバ	0.59
白鮭	0.64
牛レバー	0.89
鶏ささみ肉	0.66
鶏むね肉（皮なし）	0.64
鶏レバー	0.65
豚レバー	0.57

ビタミンB2を多く含む食材

食品	含有量 (mg/100g)
豚レバー	3.6
牛レバー	3
鶏レバー	1.8
うなぎ（肝）	0.75
うなぎ（蒲焼き）	0.74
鶏卵（卵黄）	0.52
うずら卵（全卵）	0.72
糸引き納豆	0.56
魚肉ソーセージ	0.6
焼きたらこ	0.53
即席中華麺（油揚げ）	0.83
アーモンドチョコレート	0.64

（出典：文部科学省「日本食品標準成分表（2015年版七訂）」より抜粋）

ビタミンC

コラーゲン（タンパク質）合成に必須、抗酸化作用

コラーゲンの合成に必須

ビタミンCは、血液中に存在し、全身の組織をめぐっているビタミン。**強い抗酸化作用**があり、老化や動脈硬化、ガンなどの原因となる活性酸素を除去する重要な働きがある。活性酸素は筋トレなど激しい運動でも増加するため、トレーニーは肉体の衰えを防ぐためにも、ビタミンCなどの抗酸化物質を摂ると良い。

また、同じ抗酸化ビタミンである**ビタミンEと一緒に摂ることで、抗酸化作用をさらに高めることができる**。抗酸化作用を発揮して酸化したビタミンEは、ビタミンCの働きによって再び活性化する。ビタミンCとビタミンEは体内でお互いを補完する関係にあるため、一緒に摂ることによって相乗効果が生まれる。

ビタミンCの摂取効果

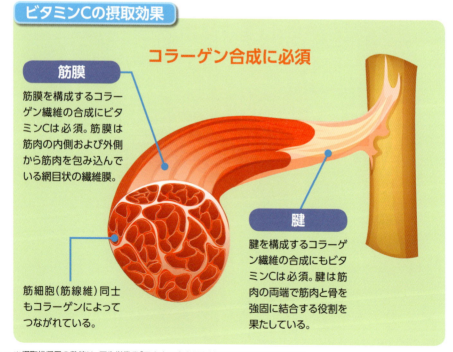

コラーゲン合成に必須

筋膜
筋膜を構成するコラーゲン繊維の合成にビタミンCは必須。筋膜は筋肉の内側および外側から筋肉を包み込んでいる網目状の繊維膜。

腱
腱を構成するコラーゲン繊維の合成にもビタミンCは必須。腱は筋肉の両端で筋肉と骨を強固に結合する役割を果たしている。

筋細胞（筋線維）同士もコラーゲンによってつながれている。

※摂取推奨量の数値は、厚生労働省「日本人の食事摂取基準（2015年版）」より抜粋。

さらに、ビタミンCは**タンパク質の一種であるコラーゲン繊維の合成に必須の成分**であり、ビタミンCが不足するとコラーゲンが作られない。

筋肉の重要な構成要素である筋膜や腱もコラーゲン繊維が主成分。筋細胞（筋線維）同士もコラーゲンによって1個1個がつながれている。高強度の筋トレにも耐えられる強靭な筋肉を作るためには、ビタミンCを摂取することも必要となる。

余剰分は排泄される

ビタミンCは、ブロッコリーやピーマン、ゴーヤ、柿、キウイフルーツ、いちごといった色の濃い野菜や果物に多く含まれている。

1日の摂取推奨量（18 ～ 69歳）は、男性・女性とも100mg/日。水に溶ける水溶性ビタミンであり、摂りすぎても余剰分は尿と一緒に排泄されるため、こまめに摂ると良い。

ビタミンCを多く含む食材

食品	含有量 (mg/100g)
アセロラ	800
赤ピーマン	170
黄ピーマン	150
キウイフルーツ（黄肉種）	140
ブロッコリー	120（※54）
レモン	100
カリフラワー	81（※53）
青ピーマン	76
ゴーヤ（にがうり）	76
柿	70
キウイフルーツ（緑肉種）	69
いちご	62

出典：文部科学省「日本食品標準成分表（2015年版七訂）」より抜粋）（※　）内は加熱調理で茹でた場合の含有量

ビタミンEを多く含む食材

食品	含有量 (mg/100g)
煎茶	64.9
ひまわり油	38.7
とうがらし（乾燥）	29.8
アーモンド（煎り）	28.8
綿実油	28.3
抹茶	28.1
ヘーゼルナッツ（フライ）	17.8
コーン油	17.1
キャノーラ油（菜種油）	15.2
あんこう（肝）	13.8
アーモンドチョコレート	11.3
落花生（煎り）	10.6

※「ビタミンE」の含有量は「α-トコフェロール」の数値
※茶類は乾燥茶葉の含有量

第4章 筋肥大に有効な栄養素

ビタミンD

テストステロンの分泌促進、筋タンパク質合成の促進

テストステロン分泌を促す

ビタミンDには、主にきのこ類に含まれるD_2と、魚介類に含まれるD_3があるが、体内の代謝経路は同じ。

肝臓、腎臓を経て活性化したビタミンDは、カルシウムやリンの吸収を高める。筋肉の収縮に作用するカルシウムは筋トレでも消費されるため、日頃から吸収効率を高めておくことが、筋肥大に向けた高強度の筋トレを継続するうえで有効となる。

さらに、**テストステロン（男性ホルモン）の分泌を促進する働き**も注目されている。ビタミンDの摂取量を増やすと、血中テストステロン濃度が高まったという研究報告もある（Nimptschら,2012）。

近年の研究では、筋タンパク質合成にも関与していることが分かった。**ビタミンDが不足すると筋肉量や筋力が低下する**ことが報告されている。

日光照射によって合成する

ビタミンDの特徴は、食事からだけでなく、**日光照射で合成できる**こと。皮膚にある7-デヒドロコレステロールが、紫外線に当たると活性型のビタミンD_3へと変換される。

1日の摂取目安量（18〜69歳）は、男性・女性とも5.5μg/日。耐容上限量が50μg/日なのでサプリメントでの過剰摂取には要注意。

国立環境研究所のHPでは、日光照射時間とビタミンDの生成量に関する観測データを公開している。

ビタミンDを多く含む食材

食品	含有量 （μg/100g）
いくら	44
カワハギ	43
紅鮭	33
白鮭	32
イワシ	32
イワシ缶詰（水煮）	20
うなぎ（蒲焼き）	19
イワシ缶詰（蒲焼き）	17
銀鮭	15
サンマ	14.9
※日光照射（7分）	11（※合成量）

※日光照射の合成量は7月（正午）のつくば市で顔と両腕を照射した場合（国立環境研究所の算出データを引用）
（出典：文部科学省「日本食品標準成分表（2015年版七訂）」より抜粋）

※摂取目安量の数値は、厚生労働省「日本人の食事摂取基準（2015年版）」より抜粋。

亜鉛

筋タンパク質合成を促進

200以上の酵素の構成成分

亜鉛は、成人では体内に2g前後含まれ、血液や皮膚に多く存在するミネラル。体内で行われるさまざまな代謝活動やホルモン分泌に関与し、人間の成長や生命維持に貢献する。

新陳代謝を促進する200種以上の酵素の構成成分となり、タンパク質の合成に関わるさまざまな酵素の働きを助ける。

また、細胞分裂におけるDNAの複製にも不可欠な成分で、細胞の生成が円滑に行われるように支えている。

1日の摂取推奨量（18～69歳）は、男性10mg/日、女性8mg/日であるが不足しやすい。（※耐容上限量は男性40～45mg/日、女性35mg/日）

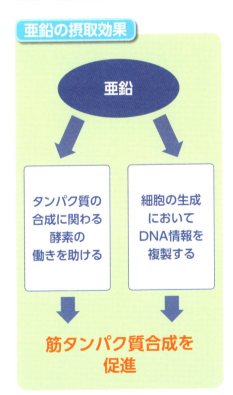

亜鉛を多く含む食材

食品	含有量(mg/100g)
牡蠣	13.2
豚レバー	6.9
牛肩ロース(脂身あり)	4.7(※4.8)
牛もも肉(脂身あり)	4.5(※4.7)
牛肩肉(脂身あり)	4.1(※4.5)
牛レバー	3.8
ローストビーフ	4.1
コンビーフ缶	4.1
カニ缶(ズワイガニ水煮)	4.7
鶏卵(卵黄)	4.2
焼きたらこ	3.8

(出典：文部科学省「日本食品標準成分表(2015年版七訂)」より抜粋)　牛肉の(※　)は「脂身なし」の数値

第4章　筋肥大に有効な栄養素

※摂取推奨量の数値は、厚生労働省「日本人の食事摂取基準(2015年版)」より抜粋。

体脂肪の増加を抑制する成分

均整の取れた逞しいボディラインを形成するには、体脂肪を減らすことも必要。自分に合う体脂肪の増加抑制サプリメントを見つけるのもひとつの方法となる。

体脂肪増加が及ぼす悪影響

　皮下脂肪や内臓脂肪、血中脂肪などの体脂肪が蓄積すると、体にはさまざまなデメリットが発生する。太って体形が崩れるだけでなく、健康面でも動脈硬化などに起因するさまざまな疾病のリスクが高くなる。

　さらに、肥満はテストステロン（男性ホルモン）の分泌を低下させるなど、ホルモン分泌を乱すため、筋肉の成長にも悪い影響を及ぼすと考えられる。

　健康維持のためにも、筋肥大のためにも体脂肪を減らすことが有効。しかし、体脂肪を減らすには、消費エネルギー量（カロリー）が摂取エネルギー量を上回ることが基本であり、摂取カロリーを減らしすぎると、今度は筋肥大が難しくなる。

　過度な食事制限をしないで体脂肪の蓄積を抑制するには、運動量を増

体脂肪増加が及ぼす悪影響

❶ **肥満体型になる**
（筋肉が皮下脂肪に覆われてボディラインが崩れる）

❷ **テストステロンの分泌が抑制される**
（肥満者は分泌量が少ないとの研究データが発表されている）

❸ **食欲が増進してカロリーオーバーになる**
（体脂肪が増えると食欲を抑えるホルモンの作用が弱くなる）

❹ **運動意欲が低下する**
（体重が重くなることで体を動かすことが億劫になる）

❺ **生活習慣病のリスクが高くなる**
（糖尿病、高血圧、動脈硬化などを発症しやすくなり死亡率も上昇）

やす方法だけでなく、摂取した脂質の代謝を活発にしたり、吸収を抑えたりする方法もある（※脂質の代謝や吸収の効率が変わることで結果的に消費カロリーの増加や摂取カロリーの減少につながる場合もある）。

脂肪への異なるアプローチ

薬局やドラッグストアなどでは、ダイエットのためのサプリメントがいくつも販売されている。目的は同じでも、体脂肪の増加抑制へのアプローチや配合されている成分は各商品でさまざま。摂取効果には人それぞれ成分との相性や個人差があるた

め、実際に飲んで試すしかない。

体脂肪の増加抑制に有効な成分は、主に以下の3タイプに分けられる。最もポピュラーなのが、**脂肪の燃焼を活発にする**タイプ。代謝を活発にすることで体脂肪の蓄積を抑える。**脂肪の分解を促進する**タイプも、結果的に脂肪の燃焼を活発にするため、同じタイプともいえる。

近年増えているのが、**脂肪（脂質）の吸収を抑える**タイプ。食事から摂った脂質や糖質の吸収率を下げることで体脂肪の蓄積を抑制する。

さらに最近では、異なるタイプの成分を混合してより効果を高めた商品も多数販売されている。

第4章　筋肥大に有効な栄養素

アプローチが異なる体脂肪の増加抑制効果

効用	主な有効成分	種別
脂肪の燃焼を活発にする	カルニチン	アミノ酸
	コエンザイムQ10	補酵素
	α-リポ酸	補酵素
	茶カテキン	有機化合物
	HCA（ガルシニア）	有機化合物
脂肪の分解を促進する	フォルスコリン	有機化合物
	CLA（共役リノール酸）	不飽和脂肪酸
	カフェイン	有機化合物
	カプサイシン	有機化合物
脂質・糖質の吸収を抑える	難消化性デキストリン	水溶性食物繊維
	烏龍茶ポリフェノール	有機化合物

※ポリフェノールは種類によって脂肪の燃焼や分解にも作用する。

体脂肪の増加を抑制する主な栄養素

脂肪燃焼の促進、脂肪分解の促進、脂質・糖質の吸収抑制

● カルニチン

カルニチンが豊富なラム肉

カルニチンは、必須アミノ酸のリジン、メチオニンなどから体内で合成されるアミノ酸の一種。脂質がエネルギーとして代謝されるために必要な物質であり、正確にはカルニチンの中でも「L-カルニチン」を指す。

このカルニチンには、運動時に摂取することで脂肪燃焼を促進する効果がある。筋トレや運動をある程度の時間続けていると、体脂肪が遊離脂肪酸に分解されて血液に流れ込み、筋細胞に取り込まれる。その**遊離脂肪酸はカルニチンと結合することで細胞内のミトコンドリアという細胞器官に入り、エネルギー代謝される**。運動をしない人が摂取しても効果は出にくい。

α-リポ酸という成分と一緒に摂ると相乗効果が高まるため、2つを混合したサプリメントもある。食材では、羊のラム肉やマトン肉にカルニチンが多く含まれている。

● コエンザイムQ10

イワシ、サバなどの青魚や豚肉、牛肉から摂取できる

コエンザイムQ10は、エネルギー物質であるATP（アデノシン三リン酸）を作り出すための補酵素のひとつ。体内に広く分布し、細胞内のミトコンドリアに存在する。

補酵素であるコエンザイムQ10は、**ミトコンドリアに入ってきた脂肪酸のエネルギー代謝に関わる酵素作用を助ける**。しかし、加齢とともに体内から減少するため、それにともなって脂肪（脂質）のエネルギー代謝も減弱していく。食事やサプリメントからコエンザイムQ10を摂取することにより、こういった衰えをリカバリーできると考えられる。

また、強力な抗酸化作用があり、健康維持にも有効な成分である。

食材では、イワシやサバ、豚肉、牛肉、大豆、ピーナッツ、きな粉、ごまなどに多く含まれる。ただし、吸収効率が低いため、サプリメントのほうが一定量を摂りやすい。

● α-リポ酸

α-リポ酸は、細胞内のミトコンドリアに存在する補酵素のひとつ。コエンザイムQ10と同様に、**ATP（アデノシン三リン酸）生成反応を助けて脂肪の代謝を促す**。

特にα-リポ酸は、糖質のエネルギー代謝に強く貢献する性質をもっているため、体脂肪のもととなる脂質（脂肪）と糖質の両方の代謝に対して効果を発

にんじん、ほうれん草、ブロッコリー、トマトや牛レバー、豚レバーなどに含まれている

揮する。

体内で合成されるが、加齢とともに減少していく。食材には微量しか含まれていないため、サプリメントのほうが摂りやすい。最近は似た作用をもつコエンザイムQ10を混合した商品も多く販売されている。

● 茶カテキン

茶カテキンは、緑茶の中に多く含まれている成分で、抗酸化作用を有するポリフェノールの一種。

近年の研究で高濃度の茶カテキンには、脂肪燃焼を促進する作用があることも認められ、消費者庁が許可する特定保健用食品でも高濃度茶カテキンの脂肪燃焼効果を狙った商品が出ている。

高濃度の茶カテキンは、摂取すると

緑茶や抹茶を飲めば茶カテキンが摂れる

血流に乗って肝臓に到達し、**肝細胞の脂肪燃焼酵素（β酸化関連酵素）の遺伝子発現量を増加させる**。

さらに脂質のβ酸化活性を上昇させることが報告されている。茶カテキンのこれらの作用によって、肝臓での脂質代謝が活発になる。

● HCA（ガルシニア）

HCA（ガルシニア）は、東南アジアなどでスパイスとして利用されているガルシニアという果実の皮に含まれている成分。HCAとはハイドロキシクエン酸の略称である。

細胞内のミトコンドリアで生成されるクエン酸と似た分子構造をもち、摂取したHCAが細胞に入ると、クエン酸に代わってATPクエン酸リアーゼとい

ガルシニアの皮にHCAが多く含まれている

う酵素と結合する。**クエン酸とATPクエン酸リアーゼが結合すると、脂肪の燃焼を阻害する作用が働くため、この結合を阻止することで結果的に脂肪燃焼が促進する**。

食材から摂ることは難しいため、サプリメントで摂取する。

第4章 筋肥大に有効な栄養素

● フォルスコリン

フォルスコリンは、インドにおいて古くから滋養強壮の目的で食用されてきたシソ科の植物コレウス・フォルスコリに含まれている成分。フォースコリンともよばれる。

主に体脂肪を脂肪酸へと分解する作用に貢献。脂肪酸になることで体脂肪はエネルギー代謝される。

摂取したフォルスコリンは、**細胞内**

> インドやネパールで自生しているコレウス・フォルスコリン

にあるアデニル酸シクラーゼという酵素を活性化し、cAMP（環状アデノシン一リン酸）という物質を合成。このcAMPに脂肪の分解を促進する作用がある。

食材から摂ることは難しいため、サプリメントで摂取する。

● 共役リノール酸（CLA）

共役リノール酸は、共役二重結合という分子構造をもつリノール酸（不飽和脂肪酸）の異性体。略称でCLAともよばれる。

共役リノール酸には、**脂肪細胞の中にあるホルモン感受性リパーゼという脂肪分解酵素を助ける働きがあり、脂肪の分解促進に貢献する。**

さらに、**リポタンパク質リパーゼと**

> 牛乳やチーズなど乳製品から摂取することができる

いう酵素が細胞内に脂肪を溜め込む作用を抑制する。この2つの働きによって、共役リノール酸は体脂肪の蓄積を抑えることに貢献する。

サプリメントがいくつも販売されているが、牛乳やチーズといった乳製品や牛肉などからも摂取できる。

● カフェイン

カフェインはいわずと知れたコーヒー豆、カカオ豆、茶葉などに含まれる成分。主に中枢神経を興奮させる作用や利尿作用がある。

このカフェインには、**脂肪細胞の中にあるホルモン感受性リパーゼという脂肪分解酵素を活性化する作用があり、脂肪の分解促進に貢献する。** さらに交感神経を刺激して食欲を抑える作用も

> 手軽にカフェインを摂れるコーヒー

あるといわれている。

また、運動前に摂取するとウォーキングなどの軽い運動でも体脂肪の分解や代謝がより促進される。

コーヒーやチョコレートから手軽に摂れる利点があり、日本茶では玉露茶がカフェインを多く含んでいる。

● カプサイシン

カプサイシンは、香辛料などに使われる唐辛子の辛み成分。

> 唐辛子の中でも辛い種類ほど多く含まれている

摂取したカプサイシンが小腸で吸収された後、血液に入って脳まで運ばれると、アドレナリンというホルモンが分泌される。アドレナリンの作用によって**脂肪分解酵素のホルモン感受性リパーゼが活性化され、脂肪の分解が促進される**。運動前に摂取すると体脂肪の分解効果が高まる。

また、摂取すると体温が上がるため、冬場などは冷えた体の新陳代謝を活発にする効果も得られる。

しかし、胃液の分泌を促して食欲を増進させる作用もあるので注意。

● 難消化性デキストリン

デキストリンは、デンプンを加水分解して得られる低分子量の炭水化物。そのデキストリンから抽出した消化されにくい水溶性食物繊維が難消化性デキストリンである。

> でんぷんに含まれている水溶性食物繊維の一種

水溶性食物繊維の一種である難消化性デキストリンは、摂取すると体内の水分で粘性をもつため、糖質や脂質に吸着して取り込み、消化吸収されずに排泄される。**糖質や脂質の吸収を少なく抑えることによって体脂肪蓄積の抑制に貢献する**。

また、難消化性デキストリンを配合した食品やサプリメントの多くは、消費者庁許可による特定保健用食品にも認定されている。

● 烏龍茶ポリフェノール

烏龍茶ポリフェノール（烏龍茶重合ポリフェノール）は、茶葉を半発酵させる過程でカテキン類が結合（重合）した烏龍茶特有の成分で高い抗酸化作用がある。

この烏龍茶ポリフェノールには、小腸で脂肪を吸収しやすいように分解するリパーゼという酵素の働きを邪魔する作用をもち、脂肪と一緒に

> 烏龍茶ポリフェノールは烏龍茶特有の成分

摂取すると脂肪の吸収を抑制する効果がある。

近年は、脂肪の吸収を抑える効果が認められた特定保健用食品として、烏龍茶ポリフェノールを多く配合した飲料が登場して人気となっている。

第4章 筋肥大に有効な栄養素

加工食品の利点とリスク

毎日しっかりタンパク質を摂るためには、持ち運びに便利で調理の手間もない加工食品が便利。しかし、加工食品への依存度が高すぎるとリスクもある。

原材料名の表記を確認する

コンビニやスーパーで手軽に購入できる加工食品はタンパク質摂取の強い味方。売り場には肉や魚、大豆などの加工食品が並んでいる。

市販の加工食品には、必ず**商品パッケージに「原材料名」が表記されていて**、その商品にどのような物質が含まれているか分かるようになっている。加工食品を買う際は、原材料名を確認し、自分がどのような物質を摂取するのか把握すると良い。

基本的に、原材料名の表記が長い商品は要注意。多くの場合、さまざまな**「食品添加物」**が使われている。

食品添加物の規格基準は、食品衛生法に基づいて厚生労働省が告示。市販の加工食品に含まれている食品添加物は、安全性が確認された基準内で使用されているが、複数の加工食品を同時に摂取した場合などは、必ずしも安全とはいえない。

加工食品中心の食生活になると、摂取する添加物の量も種類も多くなるため、基準値が定められている添加物を毎日食べ続けるような食生活は避けたほうが賢明である。

加工食品は手軽で重宝するものの、依存しすぎないように注意しよう。

豚肉加工食品の原材料名（例）

原材料名
豚ロース肉・水飴・卵タンパク・大豆タンパク・食塩・乳タンパク・カゼインNa・リン酸塩（Na）・調味料（アミノ酸）・保存料（ソルビン酸K）・酸化防止剤（ビタミンC）・発色剤（亜硝酸Na）・着色料（クチナシ）

スーパーで市販されている豚肉加工食品の原材料名の一例。保存料や酸化防止剤、発色剤、着色料など食品添加物が多く使用されている。発色剤は防腐剤でもある。加工肉は消費期限を長くするため塩分が多量に含まれている商品も多いので要注意。

第5章

プロテインと サプリメント

各メーカーから多種多様な商品が発売されているプロテインやアミノ酸のサプリメント。目的に合った商品を選ぶには、プロテインやサプリメントに関する正しい知識が必要となる。

サプリメントの有効性

筋肥大に向けたタンパク質やアミノ酸の摂取に欠かせないサプリメント商品。食事と上手く組み合わせることで、効率良く思い通りの栄養摂取が可能となる。

タンパク質摂取の強い味方

今や栄養摂取の強い味方となっているサプリメント。特にプロテインは筋肥大を狙ううえで不可欠となっている。食生活は食事から栄養素を摂ることが基本となるが、サプリメントには食事を補える長所がある。

特に食事と異なるのが消化吸収のスピード。目安として**プロテイン（ホエイ）は1時間前後、アミノ酸サプリメントなら30分程度**で吸収できるため、筋トレ前に食事を取る時間がない時や、筋トレ終了直後に素早くタンパク質を補給したい時などは、サプリメントの強みが発揮される。

食事の補助として活用

プロテインなどのサプリメントは狙った栄養素が手軽に摂れるため、食事と上手く組み合わせて栄養バランスを整えていく。しかし、便利なあまりサプリメントへの依存度が高くなりすぎないように注意する。

サプリメントには、市販の加工食品ほど余分な添加物が使われていないものの、摂取過多になるとやはりリスクは増加する。また、摂取できる栄養素が限定される欠点もある。

栄養が偏らないように、サプリメントはあくまでも食事の栄養補助として活用することを心がけよう。

最近はドラッグストアやネット通販でもサプリメントを購入できるようになり、プロテインやビタミン剤の入手も昔に比べて手軽になっている。

サプリメントの有効性

1 携帯できる

出先や仕事先へ手軽に携帯できるのがサプリメントの長所。プロテインやアミノ酸など粉状タイプのサプリメントは、専用のシェーカーで水に溶かして持ち運ぶ。

2 短時間で摂取できる

時間や場所を選ばず、短時間でしっかり栄養を摂れるのもサプリメントの利点。間食におけるタンパク質補給に最適であり、忙しい時は食事の代わりにもなる。

3 狙った栄養素を補充できる

普段の食生活において自分に不足している栄養素、摂取量を増やしたい栄養素をピンポイントで狙って補充できる。食材から摂りにくい栄養素も摂取できる。

4 余分なカロリーを摂らないですむ

食事からタンパク質を摂る場合、脂質や糖質も一緒に摂取することになるため、カロリーは高くなるが、サプリメントであれば脂質・糖質の摂取量を抑えられる。

5 消化吸収が速い

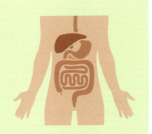

タンパク質は食事よりもホエイプロテインやアミノ酸サプリメントで摂取したほうが速く消化吸収されるため、血中アミノ酸濃度が低下している時などに有効。

プロテインの種類

プロテインにはタンパク質の原料や製法などによってさまざまな種類がある。
アミノ酸サプリメントは配合されている必須アミノ酸により種類が分かれる。

牛乳のタンパク質を抽出

プロテインには、主に牛乳からタンパク質を抽出した**ホエイプロテイン**および**カゼインプロテイン**と、大豆からタンパク質を抽出した**ソイプ**ロテインの3つに大別される。

さらに、ホエイプロテインも製法によって、WPI（分離乳清タンパク質）と、WPC（濃縮乳清タンパク質）に分けられ、それぞれのプロテインに異なる特徴がある。

タンパク質系のサプリメント

ペプチド

ペプチドは2～100個未満のアミノ酸が結合したもの。結合構造によって抗酸化作用など特有の機能をもつペプチドがあり、サプリメントも機能的な効果を狙った商品が多い。

プロテイン

プロテインはタンパク質と同義語。タンパク質の摂取を目的としたサプリメントであり、筋肥大に効果的。特有の機能をもったペプチドを配合しているプロテインも増えている。

アミノ酸

タンパク質の最小単位。人体を構成するアミノ酸は20種類。体内で合成できる非必須アミノ酸と合成できない必須アミノ酸がある。サプリメントは主に必須アミノ酸を配合。

ホエイプロテイン

牛乳に含まれるホエイタンパク（乳清タンパク）を抽出したプロテイン。タンパク質を摂取するサプリメントとして最も一般的で商品の種類が多い。

カゼインプロテイン

牛乳に含まれるカゼインタンパクを抽出したプロテイン。カゼインはチーズの主成分で、牛乳のタンパク質の約80％を占める。

ソイプロテイン

大豆に含まれるタンパク質を抽出したプロテイン。植物性タンパク質が効率良く摂取できる。大豆に含まれる成分の健康効果も期待できる。

WPI（分離乳清タンパク質）

タンパク質以外の成分がほぼ除去された高濃度のホエイプロテイン。タンパク質含有率の高さが大きな特徴となっている。

WPC（濃縮乳清タンパク質）

牛乳に含まれる乳糖（糖質）を残しているホエイプロテイン。タンパク質含有率はWPIよりやや低い。牛乳が苦手な人には不向き。

多様化するアミノ酸サプリ

アミノ酸サプリメントは、体内で十分に合成することができない9種類の必須アミノ酸を中心に配合しているものが多い。

総合アミノ酸は、必須アミノ酸にアルギニンやグルタミンといった特定のアミノ酸をプラスして配合したサプリメント。9種類の必須アミノ酸のみを配合したEAAタイプのサプリメントもある。

さらに、筋肉のエネルギー源として利用される**分岐鎖アミノ酸（バリ**ン、ロイシン、イソロイシン）に絞って配合したBCAA（※→P.96～97参照）というタイプもある。

タンパク質の最小単位であるアミノ酸を摂取できるアミノ酸サプリメントは、タンパク質を摂取するプロテインより消化吸収が速いという大きな長所がある。ボディビルダーなどは、摂取するタイミングによってプロテインとアミノ酸サプリメントを賢く使い分けている。

以前のアミノ酸サプリメントは、"美味しくない"といわれていたが、現在は飲み味も向上している。

総合アミノ酸　EAA＋アルギニン、グルタミン、クレアチンなど

※総合アミノ酸のサプリメントは、EAA（9種類の必須アミノ酸）にアルギニン、グルタミン、シトルリン、クレアチンなど特定のアミノ酸をプラスしたものが主流。さらにビタミンやミネラルを配合したものもある。

EAA（必須アミノ酸）
- リジン
- メチオニン
- フェニルアラニン
- トレオニン
- ヒスチジン
- トリプトファン※

BCAA（分岐鎖アミノ酸）
- バリン
- ロイシン
- イソロイシン

※アメリカではトリプトファンのサプリメントを摂取して臓器不全などの健康被害が出たことからトリプトファンの販売が禁止になっている。アメリカ製のEAAサプリメントにはトリプトファンが含まれていない（※日本では危険性が認められていない）。

HMB（β-ヒドロキシ-β メチル酪酸）

HMBとは分岐鎖アミノ酸のひとつであるロイシンから体内で合成される代謝物質。HMB1gを合成するのに約20gのロイシンが必要といわれている。

プロテインとアミノ酸

プロテインとアミノ酸サプリメントでは、それぞれ摂取する目的に違いがある。さらにアミノ酸サプリメントは、アミノ酸の種類によって摂取効果が異なる。

アミノ酸の摂取目的

タンパク質の含有量が多いプロテインは、タンパク質を摂ることが摂取目的。それに対して**アミノ酸サプリメントは、筋トレや運動などで消費される必須アミノ酸をすばやく補充することが主な摂取目的となる。**

アミノ酸サプリメントは、アミノ酸の補充により血中アミノ酸濃度の低下を防ぎ、筋肉の分解を抑制する形でも筋肥大に貢献するものが多い。

これは消化吸収の速いアミノ酸サプリメントだからこそ得られる摂取効果。筋肉の分解を抑えることも筋タンパク質合成の促進につながる。

プロテインとアミノ酸サプリメントの違い

	プロテイン	アミノ酸
タンパク質含有量	多い	やや少ない (※商品によって特定のアミノ酸は多い)
主な摂取目的	筋肉の材料としてタンパク質を摂取	筋タンパク質合成の促進、筋肉の分解抑制、疲労回復など
消化吸収速度	1〜2時間程度（ホエイ） ※カゼイン、ソイは時間がかかる	30分程度
摂取タイミング	筋トレ開始1時間前、筋トレ終了60分前（長時間の筋トレの場合）、筋トレ終了直後など	筋トレ開始30分前、筋トレ中、筋トレ終了30分前、起床時など

※アミノ酸サプリメントの摂取タイミングはアミノ酸の種類によって異なる。

目的で選ぶアミノ酸サプリ

アミノ酸サプリメントは、それぞれ種類によって摂取目的も異なってくる。 特定のアミノ酸について解説したP.96～99も参考にしながら、自分の目的に合ったアミノ酸サプリメントを選んでいくと良い。

筋トレをしっかり行っていれば、食事とプロテインだけでも十分に筋肥大は可能。しかし、より高い筋肥大効果を求める場合は、アミノ酸サプリメントの活用も有効となる。

アルギニンやグルタミン、クレアチンなど特定のアミノ酸は、摂取効果の実感にやや個人差が出る傾向にあるため、自分で効果を確かめながら摂取することも重要となる。

アミノ酸サプリメントの主な種類

種類	摂取目的	商品の特徴
総合アミノ酸 （EAA+特定のアミノ酸）	●必須アミノ酸の摂取 ●BCAAの摂取 ●特定のアミノ酸の効用	EAAにアルギニンやグルタミン、クレアチン、ビタミン類、ミネラル類などを配合した商品がある。
EAA （必須アミノ酸）	●必須アミノ酸の摂取 ●BCAAの摂取 など	筋タンパク質合成をより促進させるためにロイシンの含有量を増やしている商品もある。
BCAA （分岐鎖アミノ酸）	●筋肉の分解抑制 ●筋タンパク質合成の促進 など	筋タンパク質合成をより促進させるため、BCAAにアルギニンやシトルリンを加えた商品もある。
アルギニン （非必須アミノ酸）	●血管の拡張 ●成長ホルモンの分泌促進	アルギニン単体の商品以外ではシトルリンやオルニチンサプリメントに配合されている場合も多い。
グルタミン （非必須アミノ酸）	●成長ホルモンの分泌促進 ●筋肉の分解抑制 ●疲労回復（※免疫力向上）	グルタミン単体の商品は主に疲労回復や免疫力回復のサプリメントとして数多くの種類が出ている。
シトルリン	●アルギニンの作用向上 ●血管の拡張 ●成長ホルモンの分泌促進	シトルリン単体の商品でもアルギニンが配合されている場合が多い。ED剤に使われることも。
クレアチン	●筋出力の維持・向上 など	クレアチン単体商品は高強度の筋トレを支える筋出力維持・向上サプリメントとして人気が高い。

プロテインの種類と特徴

プロテインに含まれているタンパク質は、すべてアミノ酸スコアが100。しかし、種類によって原料や製法が異なるため、タンパク質の内容が異なる。

プロテインの選択基準

筋トレ初心者からボディビルダーまで愛飲するホエイプロテインは、上質なタンパク質を摂取できるプロテインの王道。しかし、ホエイプロテインにも特徴の異なる種類（※右上表）があり、各種類にもメーカーごとにさまざまな商品がある。

プロテインの選択基準として重要となるのが**タンパク質含有率**。同じ量でもタンパク質含有率が高い商品ほど多くのタンパク質を摂取できる。

牛乳が苦手な人は、**乳糖を除去したWPIタイプ**や**大豆タンパクのソイプロテイン**という選択肢もある。

プロテインのタンパク質合成効果比較

消化吸収の速さとロイシンの含有量の違いから、摂取後3時間の筋タンパク質合成効果の大きさは、ホエイ、ソイ、カゼインの順になる（イメージ）。カゼインは短時間での効果は低いものの、緩やかな合成反応が長く続くと考えられる。

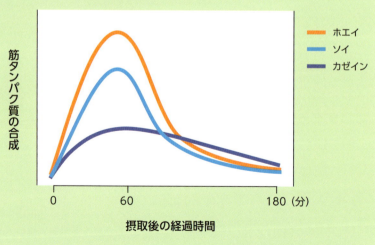

（出典：「Phillips, 2014」より引用改変）

プロテインの種類と特徴

※消化吸収速度はおおよその目安の時間

種類		特徴	タンパク質含有率	消化吸収速度
動物性	ホエイ WPC	ホエイタンパクをフィルター膜でろ過。最も一般的なプロテイン。乳糖が残っているため牛乳が苦手な人は下痢になる場合も。	おおよそ 70〜80%	速い (1時間前後)
	ホエイ WPI	イオン交換法でほぼ乳糖を除去したホエイタンパク。WPCよりタンパク質の含有率が高く、糖質や脂質が少ない。価格はやや高め。	おおよそ 80〜90%	速い (1時間前後)
	ホエイ CFM	セラミック膜でろ過し、有効成分を残しつつ乳糖や脂質だけを除去。WPCやWPIよりBCAA含有率の高い商品が多い。やや価格は高め。	おおよそ 80〜90%	速い (1時間前後)
	ホエイ WPH	加水分解で乳糖を除去。精製段階でペプチド状にするため消化吸収が速い。BCAA含有率も高く上質のプロテイン。価格は高め。	おおよそ 80〜95%	とても速い (1時間未満)
	カゼイン	牛乳のカゼインタンパクを抽出。胃酸で固まりやすく消化吸収が遅い。BCAA含有率はやや低め。ホエイプロテインとのミックス商品も多い。	おおよそ 70〜80%	とても遅い (6〜8時間)
植物性	ソイ	植物性の大豆タンパクを抽出したプロテイン。消化吸収は遅め。牛乳が苦手な人向き。イソフラボンやレシチンも摂れるため女性にも最適。	おおよそ 70〜80%	遅い (5〜7時間)

プロテインの選び方

1 タンパク質含有率
最も基本となるプロテインの評価基準。タンパク質の含有率が高い商品ほど、余分なカロリーを摂らずに多くのタンパク質を摂取できる。価格の安いプロテインはタンパク質の含有率が低い場合も多いので注意。

2 味
毎日飲むからこそ味はとても大切。プロテインを飲むことがストレスにならないために、できるだけ好みの味を選ぶことも重要なポイント。異なる味のプロテインを購入し、その日の気分で飲み分けるのも飽きずに飲み続けるコツ。

3 価格
プロテインは継続的に摂取するため価格も重要。単純に安いプロテインを選ぶのではなく、タンパク質含有率と価格をしっかり見比べて選んでいく。タンパク質1gあたり何円になるのかを計算し、本当にお得な商品を見極める。

※CFM製法はWPI製法の一種でもある。

プロテインの飲み方

消化吸収速度に差があるプロテインとアミノ酸サプリメントは併用も効果的。
特に筋トレの前後や筋トレ中はアミノ酸サプリメントの摂取も有効となる。

筋肉分解を抑制する

　筋トレの前後や筋トレ中に摂取するプロテインおよびアミノ酸サプリメントには、筋肉の分解を抑える目的もある。筋トレを2時間以上行う場合は、筋トレ中に血中アミノ酸濃度が低下して筋肉の分解が進まないように、筋トレ開始から1時間後ぐらいに消化吸収の速いアミノ酸サプリメントで必須アミノ酸を補充する。**筋トレ中に特に激しく消費されるBCAA**を摂取すると効果的である。
　1時間程度の短い筋トレなら、筋トレ前に20g程度のタンパク質を摂っておけば、筋トレ中の筋肉の分解はある程度抑えられると考えられる。
　より高い筋肥大効果を狙う場合は、筋タンパク質合成の反応が高まる**筋トレ終了時に合わせて血中アミノ酸濃度を上げておく**。そのためには筋トレの終了から逆算して終了30分前にアミノ酸またはBCAAを摂る。長時間の筋トレであれば、さらに終了1時間前にホエイを摂取しても良い。
　また、プロテインもアミノ酸も牛乳に溶かして飲むと消化吸収が遅くなるため、水に溶かして飲む。

シェイクしやすく持ち運びも便利なプロテインシェーカー

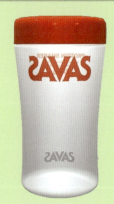

フタが開閉しやすく液漏れしない
「明治 ザバス プロテイン
シェイカー (500ml)」

飲み口が付いて飲みやすい
「森永 ウイダー プロテイン
シェーカー (500ml)」

プロテイン、アミノ酸の摂取タイミング

摂取タイミング	適したサプリメント	有効な飲み方
起床時	●総合アミノ酸 ●EAA ●ホエイ	食事を取れない睡眠中は血中アミノ酸濃度が低下して筋肉の分解が進行するため、起床時に消化吸収の速いサプリメントを摂取。
筋トレ前	●ホエイ ●総合アミノ酸 ●EAA	筋トレ中の筋肉の分解を抑制するためにタンパク質を摂る。食事なら筋トレの2～3時間前に。食事を取る時間がなければ1時間前にホエイまたは30分前にアミノ酸を。
筋トレ中	●総合アミノ酸 ●BCAA ●EAA	筋トレ中は血中アミノ酸濃度の低下を抑えるために、消化吸収の速い総合アミノ酸やEAA、BCAAでアミノ酸を補充。1時間程度の筋トレであれば筋トレ前のタンパク質摂取だけで十分。
筋トレ直後	●ホエイ ●BCAA ●EAA	筋タンパク質合成が活発な筋トレ終了直後にタンパク質を摂る。筋トレ中にアミノ酸を補給した時はホエイを摂り、アミノ酸を補給してない時は消化吸収の速いEAAやBCAAを先に摂って、その後にホエイプロテインを摂るのが良い。
間食	●ホエイ	筋肉の分解と筋タンパク質合成の反応低下を防ぐためには間食も重要。食事が難しいならホエイを摂る。カゼインやソイのプロテインは消化吸収が遅いため食間が長く空く時の間食に良い。
就寝前	●カゼイン ●ソイ	筋タンパク質合成の反応が睡眠中も続くように、就寝前もタンパク質を摂って血中アミノ酸濃度の低下を抑える。就寝前に摂るなら消化吸収が緩やかなカゼインプロテインが最適。

BCAA + ホエイ

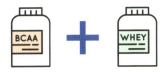

筋トレ直後のタンパク質は、「BCAA+ホエイ」の組み合わせで摂取するトレーニーも多い。BCAAを先に摂って筋肉の分解が優位な状態を抑えてから、ホエイを摂ると摂取効果が高まる。

ホエイ + 牛乳

就寝前のタンパク質は、「ホエイ+牛乳」という組み合わせで摂る方法もあり。牛乳に溶かすことで消化吸収が遅くできる。カロリーが気になる人は無脂肪牛乳をチョイスすると良い。

主な人気サプリメント

プロテインやアミノ酸サプリメントも、商品によって魅力や特徴はさまざま。ここでは国内メーカーを中心にサプリメント商品をジャンル別に紹介する。

※タンパク質含有率はすべて無水物換算値

ホエイプロテイン（WPI）

タンパク質含有率97%

●主要栄養成分
（1食21gあたり）エネルギー78kcal、たんぱく質19.4g、脂質0g、炭水化物0.2g、ナトリウム120mg

ザバス
プロ クリアプロテイン ホエイ100
（378g:4104円、840g:8208円）

高純度のホエイ（WPI）原料を厳選使用し、タンパク質含有率をザバスとして最高レベルまで高めたプロテイン。独自の製法でホエイ独特の匂いを軽減したクリアな風味も人気。

タンパク質含有率94.2%

●主要栄養成分
（1食20gあたり）エネルギー74kcal、タンパク質17.8g、脂質0.3g、炭水化物0.1g、ナトリウム158mg

グリコ パワープロダクション
ホエイプロテイン（プレーン味）
（1kg:6912円）

純度の高いホエイプロテイン（WPI）を使用し、タンパク質含有率を94.2％にまで高めたプロテイン。カルシウム、鉄、マグネシウム、11種のビタミンも高配合。

ペプチド配合で素早く吸収

●主要栄養成分
（1食21gあたり）エネルギー78kcal、たんぱく質18.1g、脂質0.3g、炭水化物0.8g、ナトリウム130mg

ザバス
プロ ホエイプロテインGP
（378g:4104円、840g:8208円）

タンパク質含有率90％以上（製品無水物あたり）。独自開発のホエイペプチドとグルタミンペプチドを配合。11種のビタミンと4種のミネラルも入っているハイスペックWPI。

※価格はすべて希望小売価格（※税込）

ホエイプロテイン（WPI）

お得で高タンパクなWPI

●主要栄養成分

（1食25gあたり）エネルギー94kcal、タンパク質21.6g、脂質0.4g、炭水化物1.0g、ナトリウム32.8mg

バルクスポーツ
アイソプロ（ナチュラル）
（1kg：3333円、2kg：6152円）

リーズナブルな価格に対し、タンパク質含有率が高いお得なプロテイン。飲みやすさとフレーバーにこだわり、イチゴミルク、ココアミルク、ミックスフルーツなど6種類から選べる。

タンパク質含有率97.6%

●主要栄養成分

（1食25gあたり）エネルギー95.5kcal、タンパク質23.3g、脂質0.1g、炭水化物0.1g、食塩相当量0.4g

DNS
ホエイプロテイン ストイック（プレーン味）
（1kg：7020円）

WPIのみを使用し、タンパク質含有率を97.6%まで高めたプロテイン。タンパク質のみを摂取したいストイックな人に最適。クセのないすっきりした飲み味も好評。

リーズナブルなWPI

●主要栄養成分

（1食20gあたり）エネルギー78.1kcal、タンパク質18.5g、脂質0.3g、炭水化物0.5g、食塩相当量0.1g（※この表示値は目安）

アルプロン
WPIホエイプロテイン（プレーン味）
（1kg：3480円、3kg：9612円）

国内工場で生産されたWPIプロテインを低価格で提供。タンパク質含有率も92%以上のハイレベル。甘味料や保存料、増粘剤を使用せず、品質にもこだわっている。

ドリンクタイプのWPI

●主要栄養成分

（製品350ml中）エネルギー124kcal、タンパク質28.8g（無水物換算値：30.2g）、脂質0g、炭水化物1.6g、食塩相当量0g

DNS
プロエックス（アップル風味）
（1本（350ml）：388円）

ペットボトルで手軽に30gものタンパク質が摂れるドリンクタイプのホエイプロテイン。マンゴー風味、ミックスベリー風味もあり。

※価格、栄養成分量は変動する場合あり。掲載データは2017年10月31日現在のもの。

ホエイプロテイン（CFM）

CFM製法でロイシンを高配合

●主要栄養成分
（製品100g中）エネルギー385kcal、タンパク質89.9g（無水物換算値95.0g）、脂質1.0g、炭水化物4.0g、ナトリウム200mg

Kentai
100％CFDホエイプロテイン
プラチナスーパーマッスル
（プレーンタイプ）
(800g：8424円)

タンパク質含有率95％。ロイシンも1品あたり93g（BCAA176g）含有。さらに鉄、カルシウム、ビタミン類も配合している。

グルタミン、ビタミンが豊富

●主要栄養成分
（製品100g中）エネルギー382kcal、タンパク質89.8g（無水物換算値93.1g）、脂質1.0g、炭水化物3.5g、ナトリウム230mg

Kentai
100％CFMホエイプロテイン
グルタミン＋マッスルビルディング
（プレーンタイプ）
(850g：7992円)

タンパク質含有率93.1％。BCAAを豊富に含み、筋肉を超回復に導くグルタミンもプラス。ビタミン・ミネラルも配合。

ホエイペプチドで吸収性アップ

●主要栄養成分
（製品100g中）エネルギー378kcal、タンパク質87.1g（無水物換算値90.0g）、脂質1.2g、炭水化物4.6g、ナトリウム350mg

GOLD'S GYM
CFMホエイプロテイン
＋ペプチド＆ビタミンB群
（ミックスベリー風味）
(900g：6696円、2kg：12960円)

CFM®製法の高品質プロテインに、ホエイタンパクを分解したペプチドを配合し、吸収性をアップ。ビタミン、ミネラルも配合。

ホエイとカゼインを配合

●主要栄養成分
（製品100g中）エネルギー367kcal、タンパク質82.3g（無水物換算値85.7g）、脂質1.5g、炭水化物6.1g、ナトリウム180mg

GOLD'S GYM
ホエイ＆カゼイン
Wプロテイン（バニラ風味）
(900g：5184円、2kg：10800円)

CFM®製法のホエイプロテインを使用し、消化吸収が緩やかなカゼインプロテインと1対1の割合になるように配合。

※価格はすべて希望小売価格（※税込）

ホエイプロテイン(WPC)

ビタミンも豊富な定番商品

●主要栄養成分
(1食21gあたり)エネルギー83kcal、たんぱく質15.0g、脂質1.3g、炭水化物2.7g、ナトリウム100mg

ザバス
ホエイプロテイン100(ココア味)
(378g(缶):3186円、1050g:5994円)

吸収の良いホエイに7種類のビタミンB群とビタミンCを配合。アスリートが1日に必要なビタミンの不足分を補える。バニラ味もあり(※栄養成分量は一部異なる)

安くてお得な3kgパック

●主要栄養成分
(製品100g中)エネルギー397kcal、タンパク質78.0g、脂質6.4g、炭水化物6.9g、食塩相当量0.43g

X-PLOSION
100%ナチュラルホエイプロテイ(プレーン味)
(3kg:5,799円)

安価・アンチドーピング・美味しさ・泡立ちの無さにこだわったプロテイン。コストを気にせずタンパク質が摂れるお得な3kgパックを提供。1kgあたり税込1933円。

たっぷりグルタミンを配合

●主要栄養成分
(1食33gあたり)エネルギー136kcal、タンパク質25.8g、脂質2.2g、炭水化物3.2g、食塩相当量0.2g

DNS
ホエイプロテインG+(チョコレート風味)
(1kg:5940円)

ホエイプロテインにグルタミンを配合。1食(33g)あたり5000mgのグルタミンが摂取できる。素早く吸収されるグルタミンが筋肉の分解を抑制する。

完全無添加のプロテイン

●主要栄養成分
(製品100g中)エネルギー414kcal、タンパク質78.0g(無水物換算値82.1g)、脂質6.0g、炭水化物7.7g、ナトリウム188mg

ボディウイング
ホエイプロテイン 無添加 ナチュラル
(1kg:2290円、3kg5790円)

甘味料、保存料、着色料、香料などを一切使用していない完全無添加のホエイプロテイン。自然なミルク風味で、タンパク質含有率もWPCとしては高水準の82.1%。

※価格、栄養成分量は変動する場合あり。掲載データは2017年10月31日現在のもの。

カゼインプロテイン

就寝前に最適なカゼイン

●主要栄養成分
(1食30gあたり)エネルギー107kcal、タンパク質24.3g、脂質 0.5g、炭水化物 1.2g、ナトリウム33.3mg

バルクスポーツ
ビッグカゼイン(ナチュラル)
(1kg:3333円、2kg:6152円)

独自の加工法でカルシウムや免疫力のあるペプチドを残したカゼインプロテイン。グリコマクロペプチドは食欲抑制にも働く。

ホエイ+カゼイン+グルタミン

●主要栄養成分
(1食20gあたり)エネルギー75kcal、タンパク質14.2g、脂質0.2〜1.2g、炭水化物3.0g、ナトリウム 45〜75mg

ウイダー
マッスルフィットプロテイン(ココア味)
(360g:2200円、900g:4800円、2.5kg:12000円)

素早く吸収されるホエイとゆっくり長く吸収されるカゼインを50%ずつ配合。グルタミンやビタミン、ミネラルも豊富に添加。

ソイプロテイン

植物性タンパク質のプロテイン

●主要栄養成分
(1食21gあたり)エネルギー79kcal、たんぱく質15.0g、脂質1.0g、炭水化物2.6g、ナトリウム260mg

ザバス
ソイプロテイン100
(315g:2430円、1050g:5400円、2520g:11340円)

大豆プロテインを100%使用。さらに7種類のビタミンB群とビタミンCを配合し、タンパク質の吸収や健康増進をサポートする。

BCAAが豊富な大豆プロテイン

●主要栄養成分
(製品100g中)エネルギー360kcal、タンパク質84.6g(無水物換算値89.0g)、脂質0.2g、糖質5.1g、食物繊維6.9g、ナトリウム520mg

ボディウイング
大豆プロテイン 無添加
(1kg:2100円、3kg:5090円)

甘味料、保存料、着色料、香料などを一切使用していない高品質のソイプロテイン。BCAAやカルシウム、食物繊維も豊富。

※価格はすべて希望小売価格(※税込)

総合アミノ酸

必須アミノ酸+ビタミンB群

●主要栄養成分
(製品100g中)エネルギー389kcal、タンパク質94.3g、脂質0.4g、炭水化物2.0g、ナトリウム1mg

グリコ パワープロダクション
アミノ酸プロスペック アミノパウダー
(150g：4860円)

9種類の必須アミノ酸をバランス良く配合した総合アミノ酸サプリメント。代謝を高めるビタミンB群もプラスして配合。

アルギニン、グルタミンも配合

●主要栄養成分
(1回約6gあたり)エネルギー24kcal、タンパク質6.0g、脂質0g、炭水化物0g、ナトリウム0mg

GOLD'S GYM
アミノ12パウダー
(150g：4104円、300g：8100円、500g：12312円)

必須アミノ酸8種類を配合。トレーニング時の栄養補給を考え、非必須アミノ酸を合わせると計12種類のアミノ酸を配合。

EAA

必須アミノ酸を効果的比率で配合

●主要栄養成分
(1回6gあたり)エネルギー24kcal、タンパク質6.0g、脂質0g、炭水化物0g、ナトリウム0mg

バルクスポーツ
EAAパウダー
(200g：3889円、480g：6666円、1kg：12139円)

BCAAを含む8種類の必須アミノ酸を理想的な比率で配合。プロテインよりも素早く吸収され、血中アミノ酸濃度を高める。

必須アミノ酸にHMBをプラス

●主要栄養成分
(1回8gあたり)エネルギー28kcal、タンパク質2.4g、脂質0.06g、炭水化物4.4g、ナトリウム0.7mg

Kentai
EAA+HMB(グレープフルーツ風味)
(180g：5940円)

必須アミノ酸9種類をベースに、回復系アミノ酸のオルニチンと、ロイシンから合成される注目の新素材HMBを配合している。

※価格、栄養成分量は変動する場合あり。掲載データは2017年10月31日現在のもの。

BCAA

美味しくてお得なBCAA

●主要栄養成分
(1回6.5gあたり)エネルギー26kcal、タンパク質5.6g、脂質0g、炭水化物0.8g、ナトリウム0mg、バリン1.0g、ロイシン2.0g、イソロイシン1.0g

グリコ パワープロダクション
マックスロードBCAA(グレープフルーツ風味)
(1kg:12960円)

BCAAをバリン1：ロイシン2：イソロイシン1の黄金比率で配合。糖新生の材料となる糖原性アミノ酸のアラニンもプラス。

リーズナブルな国産BCAA

●主要栄養成分
(1回6gあたり)エネルギー23.76kcal、タンパク質5.0g、脂質0g、炭水化物0.94g、ナトリウム0mg、バリン1.25g、ロイシン2.5g、イソロイシン1.25g

ビーレジェンド
BCAA
(500g:4980円、1kg:9800円)

BCAAサプリメントにおいてリーズナブルな価格を実現。国内製造で品質にもこだわり、BCAAを黄金比率で配合している。

BCAA含有率100%

●主要栄養成分
(1回5gあたり)エネルギー20kcal、タンパク質5.0g、脂質0g、炭水化物0g、ナトリウム0mg、バリン1.25g、ロイシン2.5g、イソロイシン1.25g

バルクスポーツ
BCAA(ノンフレーバー)
(200g:3997円、500g:7180円、1kg:12858円)

BCAA含有率100%。高度な発酵法によりサトウキビなどの穀物を加工して抽出した高品質のBCAAを黄金比率で配合。

アルギニン配合のBCAA

●主要栄養成分
(製品5gあたり)エネルギー20kcal、タンパク質5g、脂質0g、炭水化物0.03g、ナトリウム0g、バリン990mg、ロイシン1730mg、イソロイシン990mg

GOLD'S GYM
BCAAアルギニンパウダー
(250g:7344円、400g:10584円)

純度の高いBCAAと、成長ホルモンの分泌を促進するアルギニンを最適な比率で配合した最高品質のアミノ酸サプリメント。

※価格はすべて希望小売価格(※税込)

グルタミン

お得な純度100%のグルタミン

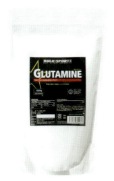

●主要栄養成分
(1回5gあたり)エネルギー20kcal、タンパク質5.0g、脂質0g、炭水化物0g、ナトリウム0mg、L-グルタミン5.0g

バルクスポーツ
グルタミン
(200g:2160円、500g:3858円、1kg:6996円)

化学合成物を一切使用していない高品質のグルタミンを純度100%で配合。グルタミンサプリメントの中では価格もお得。

ゴールドジムの高品質グルタミン

●主要栄養成分
(製品10gあたり)エネルギー40kcal、タンパク質10g、脂質0g、炭水化物0g、食塩相当量0g、L-グルタミン10g

GOLD'S GYM
グルタミンパウダー
(300g:4104円、500g:6264円)

純度100%のL-グルタミンを製品化した最高品質のグルタミンサプリメント。免疫力を高め、健康な体作りにも効力を発揮。

機能性乳酸菌入りグルタミン

●主要栄養成分
(製品100g中)エネルギー400kcal、タンパク質99.9g、脂質0g、炭水化物0.1g、ナトリウム4mg、L-グルタミン99.6g

グリコ パワープロダクション
アミノ酸プロスペック
グルタミンパウダー
(200g:3564円)

回復系アミノ酸のグルタミンに、高度な培養技術から作り上げられたアスリート向けの機能性乳酸菌「EC-12」をプラス。

亜鉛やビタミンB₆を配合

●主要栄養成分
(1回7gあたり)エネルギー24kcal、タンパク質5.6g、脂質0.02g、炭水化物0.4g、ナトリウム0.9mg、L-グルタミン5.0g

Kentai
グルタミンZMAプラス
(オレンジ風味)
(210g:4536円)

ホルモン分泌を促進する複合ミネラルのZMA(亜鉛、マグネシウム、ビタミンB₆)を配合したハイスペックなグルタミン。

※価格、栄養成分量は変動する場合あり。掲載データは2017年10月31日現在のもの。

クレアチン

純度の高いクレアチン

●主要栄養成分
(1回5gあたり)エネルギー18kcal、タンパク質4.4g、脂質0g、炭水化物0g、食塩相当量0.001g、クレアチンモノハイドレート4.99g

DNS
クレアチン
(300g:3024円)

高品質クレアチンを使用。価格も低く抑え、コストを気にせず食事では十分な量を摂ることが難しいクレアチンを摂取できる。

パワー系アミノ酸をプラス

●主要栄養成分
(1回7.5gあたり)エネルギー27kcal、タンパク質7.0g、脂質0g、炭水化物0.0g、ナトリウム0mg、クレアチンモノハイドレート5.0g

グリコ パワープロダクション
アミノ酸プロスペック クレアチンパウダー
(300g:3564円)

クレアチン純度99.95％のクレアピュアを使用。さらにパワー系アミノ酸のベタインも配合し、パワーやスピードをサポート。

トップブランドのクレアチンを使用

●主要栄養成分
(1回5gあたり)エネルギー20kcal、タンパク質4.4g、脂質0g、炭水化物0.6g、ナトリウム1.87mg、クレアチンモノハイドレート5.0g

バルクスポーツ
クレアチン
(200g:1944円、500g:3087円、1kg:5659円)

世界的クレアピュア®ブランドのクレアチン(ドイツ製)のみを使用。純度を極めた高品質のクレアチンをお得な低価格で提供。

ビルダーも愛用するクレアチン

●主要栄養成分
(製品5gあたり)エネルギー18kcal、タンパク質4.4g、脂質0g、炭水化物0g、食塩相当量0.001g、クレアチン5g

GOLD'S GYM
クレアチンパウダー
(300g:3456円、500g:5184円)

高品質な純度100％のクレアチンモノハイドレートを製品化した最高品質のクレアチン。瞬発系の運動を強力にアシスト。

※価格はすべて希望小売価格(※税込)

アルギニン

純度100％のアルギニン

●主要栄養成分
(1回2.5gあたり)エネルギー10kcal、タンパク質2.5g、脂質0g、炭水化物0g、ナトリウム0mg、アルギニン2.5g

バルクスポーツ
アルギニン
(200g:2881円、500g:5637円、1kg:9720円)

国内ブランドの高品質なアルギニンを純度100％で配合。ワークアウトで消費される条件下必須アミノ酸のアルギニンを補充。

アルギニンにクエン酸をプラス

●主要栄養成分
(1回2.5gあたり)エネルギー10kcal、タンパク質2.25g、脂質0g、炭水化物0.25g、ナトリウム0mg、アルギニン2.25g、クエン酸0.25g

バルクスポーツ
シトリックアルギニン
(200g:2881円、500g:6095円、1kg:10800円)

高品質のアルギニンに疲労回復効果のあるクエン酸を配合。アルギニンのパワーはそのままで、飲みやすいアルギニンを実現。

シトルリン

純度100％のシトルリン

●主要栄養成分
(1回2.2gあたり)エネルギー8.8kcal、タンパク質2.2g、脂質0g、炭水化物0g、ナトリウム0mg、L-シトルリン2.2g

バルクスポーツ
シトルリン
(200g:5123円、500g:10122円)

純度100％のL-シトルリンを配合。シトルリンはアルギニンを直接摂取するよりも血中のアルギニンレベルを優位に上昇させる。

BCAAにシトルリンを配合

●主要栄養成分
(1回7.5gあたり)エネルギー29kcal、タンパク質6.0g、脂質0g、炭水化物1.3g、ナトリウム0.7mg、L-シトルリン0.5g

Kentai
**BCAAシトルリンプラス
（グレープ風味）**
(188g:8100円、7.5g×20包:7776円)

黄金比率で配合したBCAAに、アルギニンとシトルリンをプラスし、トレーニングのクオリティー向上に貢献。グレープ風味。

※価格、栄養成分量は変動する場合あり。掲載データは2017年10月31日現在のもの。

サプリメントの必要度

いくら便利かつ効果的でもサプリメントの使用で気になるのはやはりコスト面。数あるサプリメントの中から何を優先的に選ぶべきか。必要度で比較する。

プロテインだけでも十分

筋肥大のためのサプリメントで最も必要度が高いのはプロテイン。筋トレ後や就寝前のタンパク質摂取を考えるとやはりプロテインは便利。BCAAやEAAといった特定のアミノ酸も摂取効果はあるが、いずれもタンパク質に含まれているアミノ酸であるためプロテインで補える。

ボディビルダーに愛用者が多いのは意外にもマルチビタミン&ミネラル。ビタミンやミネラルは筋タンパク質合成を助け、健康維持にも有効。価格も安いため人気が高い。

マルチビタミン&ミネラルのサプリメントはボディビルダーや上級者のトレーナーも多く愛用している。

サプリメントの必要度ランキング

順位	サプリメント	摂取適正	必要となる条件
1位	プロテイン	初級者〜上級者	筋肥大にはタンパク質のこまめな摂取が有効となるため、場所を選ばず短時間で手軽に摂取できるプロテインは利便性が高い。さらに、余分なカロリー摂取を減らせるメリットもある。
2位	マルチビタミン&ミネラル	初級者〜上級者	筋タンパク質合成やエネルギー代謝に働くビタミン&ミネラルをまとめて摂取。不足しがちなビタミンとミネラルの補給は健康維持にも有効。食事で十分な量を摂れている人には不要。
3位	BCAA	中級者〜上級者	BCAAは食事やプロテインでも摂取できるため、筋肥大が停滞するまでは摂らなくても問題なし。少しでも筋肉の分解を抑え、筋タンパク質合成を高めたいという場合に摂ると良い。
4位	特定アミノ酸	上級者	グルタミンやクレアチン、アルギニン、シトルリンといった特定アミノ酸は、ボディビルダーのようにハイレベルの筋肥大を目指す上級者向け。摂らなくても十分に筋肥大は可能。

第6章
筋肥大の テクニック （食生活編）

食事にはひと工夫加えるだけで筋肥大効果を高めたり、体脂肪の増加が抑制されたりするテクニックがある。コンディションの維持や健康増進にもつながるため継続的に行うと良い。

食事術 ❶
筋トレ前後の食事

筋トレ前は糖質も摂取

　筋トレ前の食事は、「タンパク質＋糖質」が基本。タンパク質の摂取には、筋トレ中に血中アミノ酸濃度が低下することを抑え、筋肉の分解を抑制する効果がある。

　筋トレ中にエネルギー源のグリコーゲン（糖質）が不足すると筋トレの強度が上がらないため、糖質の摂取も不可欠。さらに糖質が代謝される過程で乳酸が生成されるため、成長ホルモンの分泌が促進される（→P.90～91参照）。糖質の摂取量はご飯1膳分程度（50～70g）が目安。

　食べるタイミングは、消化吸収にかかる時間を考慮し、筋トレの2～3時間前に。満腹感を感じたまま筋トレを行うと消化器官に血液が集まり、代謝反応が下がるので注意。

筋トレ前の食事ポイント

1. 筋トレ開始2～3時間前にタンパク質を摂る
筋トレ前にタンパク質を摂り筋トレ中の筋肉の分解を抑える。摂取量は20gが目安。筋トレ開始まで2～3時間あればある程度消化吸収できる。プロテインなら1時間前に

2. エネルギー源の糖質も摂る
筋トレ前にエネルギー源の糖質もしっかり摂る。摂取量は筋トレの量や時間の長さ、PFCバランスなどから算出。減量期でなければ50～70g（白米1膳分程度）をひとつの目安に。

3. 脂質の摂取量を減らす
脂質はタンパク質や糖質より消化吸収に時間がかかるため、筋トレ前に脂質を摂りすぎると消化器官に血液が集中し、筋トレ中の代謝反応を低下させるリスクになる。

食事の時間がなければ筋トレ開始1時間前に糖質（果糖など）が摂れるバナナなどを食べても良い。果糖は素早く消化吸収されてエネルギー源となるが、血糖値はほとんど上昇しない。血糖値が上昇した状態で運動を行うと、体脂肪が代謝されにくくなる。

筋トレ前のタンパク質をアミノ酸やプロテインで摂る場合は、そこに蜂蜜を加えて糖質を摂るのも有効。果糖を含む蜂蜜も消化吸収が速いものの血糖値を急上昇させにくい。

筋トレ後はタンパク質多め

筋トレ直後の食事も「タンパク質＋糖質」が基本となる。筋トレ終了直後は筋タンパク質合成の反応がピークに達し、ピーク後も筋トレ終了から3時間近くは合成反応がかなり活発なレベルにある（→P.62～63参照）。この時間帯に合成材料となるタンパク質を多く取り込む。

筋トレ後の糖質摂取は、インスリンの分泌を促し、筋タンパク質合成の反応を高める。さらに筋トレで消費された筋グリコーゲンの回復を促し、筋肉の分解を抑制する効果もある（→P.78～79参照）。

しかし、摂取カロリー（エネルギー）を少しでもタンパク質から摂りたい減量期のボディビルダーなどは、筋トレ終了直後に消化吸収の速いアミノ酸のBCAAやEAAのサプリメントを摂り、そこに含まれるロイシンの働きによって筋肥大を促す場合もある。

第6章 筋肥大のテクニック（食生活編）

筋トレ後の食事ポイント

1.筋トレ終了後1時間以内に食事を取る

筋トレ直後は筋タンパク質合成の反応が活発となっているため、筋トレの後半や終了直後にプロテインでタンパク質を摂取した後、1時間以内に食事でさらにタンパク質を摂ることが理想となる。このタイミングで昼食か夕食を取ると良い。

2.タンパク質をサプリメントと食事で計30～40g摂る

筋トレ終了直後（または筋トレの後半）と筋トレ後の食事で計30～40gのタンパク質摂取を目安にする。筋タンパク質合成の反応が活発な筋トレ直後のゴールデンタイムは、筋肉の材料となるタンパク質をやや多めに取り込むことを意識する。

3.糖質も摂る

筋トレ終了後に糖質を摂ると同化ホルモンであるインスリンが分泌され、筋タンパク質合成の反応が高まる。筋トレ終了から1時間以内を目安に糖質を摂れば筋トレで消費された筋グリコーゲンも素早く回復できる。摂取量は筋トレの実施時間などを考慮する。

筋トレ直後は筋グリコーゲンが枯渇し、代謝反応も活発になっているため、1日の中で最も糖質や脂質が体脂肪になりにくいタイミング。筋トレ終了後に昼食か夕食をもってくれば、同じ食事内容でも摂取した糖質や脂質の代謝効率が高まる。

食事術❷
筋トレ中のアミノ酸摂取

筋肉の分解を抑制する

　筋トレ中のアミノ酸摂取にも、血中アミノ酸濃度の低下を抑え、筋肉の分解を抑制する目的がある。1時間程度のトレーニングなら筋トレ前の食事だけで問題なし。2時間以上行う場合は、消化吸収の速いアミノ酸サプリメントの摂取が有効。

　特に必須アミノ酸の中でも、**筋肉のエネルギー源として激しく消費されるBCAAを摂る**と良い。BCAAは肝臓を素通りして筋肉で代謝されるため、摂取しても代謝活動を行っている肝臓に過度な負担は与えない。

　また、BCAAの摂取により筋肉の分解を抑えた状態で筋トレを終えることができれば、終了直後のタンパク質摂取によって、合成反応がより高まりやすくなる効果も期待できる。

筋トレ中のBCAA摂取

長時間トレーニングを行う人は、大きめのペットボトルに2～3回分の水に溶かしたBCAAを入れるなど工夫している。

BCAAのサプリメントには飲みやすいカプセル粒状やスティック袋状のタイプもある。1回の摂取量は5～10gが目安。

ボディビルダーの中にはBCAAを20～30分ごとに補給しながらトレーニングする選手もいる。筋トレ中にBCAAではなくタンパク質を摂ると、消化のために胃腸へ血流が集まり、筋トレによるホルモン分泌などが低下するリスクもある。

食事術❸
朝のタンパク質摂取

第6章 筋肥大のテクニック（食生活編）

就寝中の分解をリカバリー

　就寝中は食事が取れないため、血中アミノ酸濃度が低下して筋肉の分解が進行する。さらに、寝ている間も基礎代謝によってエネルギー（カロリー）が消費されるため、エネルギー不足の状態にもなっている。

　朝食では、筋肉の分解を抑制し、合成を優位にするためのタンパク質と、これから始まる1日のエネルギー源となる糖質、脂質を摂取。摂取量はPFCバランスから算出する。

　睡眠時間をしっかり7〜8時間取る人は、朝食とは別に、**起床後すぐに消化吸収が速いプロテインを摂る**のも有効。しかし、就寝前にゆっくり消化されるカゼインやソイのプロテインを摂っておけば、起床後に慌ててタンパク質を摂らなくても良い。

起床後の食事ポイント

起床
毎日の起床時間を揃えると食生活のリズムが作れる。

ホエイプロテインを摂取
就寝中に低下した血中アミノ酸濃度を上げる。食事より消化吸収が速いサプリメントなら素早く回復する。

朝食
朝食でもタンパク質を摂取。サプリメントを摂らず朝食だけの場合は、起床からタンパク質が消化吸収されるまでの時間が長くなるため、それだけ筋肉の分解が進行する。

食事術❹
間食のタンパク質摂取

おやつ代わりにタンパク質

間食によるタンパク質摂取は、こまめにタンパク質を補充して**筋肉の分解を抑える**とともに、**1日に摂取するタンパク質量を増やす**ことができるというメリットもある。

三食で無理にタンパク質を多く摂らなくても、間食や筋トレ前後、就寝前に摂取するタンパク質とトータルで考えれば、1回のタンパク質摂取量は20g程度で十分。これなら小食の人でも食べられる。

昼食と夕食の間に食べる間食は、プロテインで手軽に済ませる方法もあるが、コンビニ商品（→P.174～178参照）なども取り入れて、おやつ代わりにいろいろ楽しむと良い。

間食に最適な高タンパク食材

食品	タンパク質含有量 (g/100g)
ホエイプロテイン	90
鶏ささみ肉	24.6
鶏ささみ肉（若鶏）	23
鶏むね肉（皮なし）	24.4
鶏むね肉（若鶏・皮なし）	23.3
ツナ缶	18.3
ツナ缶（ライト※ノンオイル）	16
サバ缶（水煮）	20.9
サバ缶（味噌煮）	16.3
ゆで卵	12.9
ゆで卵（白身）	11.3

（出典：文部科学省「日本食品標準成分表（2015年版七訂）」より抜粋）※プロテインはタンパク質含有率90%の場合。

シェーカーに粉末を入れて持ち歩けば、水を入れるだけで手軽にプロテインが飲める。

ツナ缶も手軽な高タンパク食品。カロリーや脂質が気になる人はノンオイルタイプで。

やや脂質は高いがサバ缶も間食に最適。味噌煮より水煮のほうが高タンパク低カロリー。

ゆで卵を持ち歩くボディビルダーも少なくない。脂質の高い黄身は食べない場合も。

鶏のささみやむね肉を弁当代わりに携帯している人も多い。コンビニのサラダチキンでも代用可。

食事術⑤
体脂肪がつきにくい食べ順

第6章 筋肥大のテクニック（食生活編）

海藻類から食べるのが理想

　同じ食事でも、食べる順番を変えるだけで体脂肪の蓄積が抑えられる。食事ではまず、海藻類に多く含まれる**水溶性食物繊維から食べる**のが最適。そしてご飯やパン、麺類などの糖質（炭水化物）を最後に食べる。
　水溶性食物繊維は、先に摂取すると後から摂取した糖を吸着し、糖が小腸から吸収されるスピードを遅らせる。その結果、血糖値の上昇が緩やかになり、脂肪の合成を促進するインスリンの過剰分泌が抑制される。
　さらに、コレステロールの吸収も抑えられるため、水溶性食物繊維を先に摂るだけで体脂肪やコレステロールの増加を抑える効果が得られる。

食事で最初に食べるべき栄養成分

 水溶性食物繊維 = もずくやめかぶなど水溶性食物繊維が豊富な海藻類から食べることで、血糖値の上昇が緩やかになる。

 糖質（炭水化物） =  空腹時に糖質から食べると血糖値が急上昇し、脂肪の合成を促すインスリンが大量に分泌される。

消化吸収①

腸内の善玉菌を増やす

消化吸収を助ける善玉菌

　筋肥大を目指すためには、腸内環境を整えることも大切。腸の正常な働きを支えているのが、腸内細菌の中でも良い働きをする善玉菌である。

　善玉菌は、食事から摂取した栄養素の消化吸収を助け、筋肥大や健康維持に貢献するビタミンB群やビタミンKを合成する。人間は体内でビタミンを合成できないため、善玉菌がビタミンを作って補っている。

　主な善玉菌は、**ビフィズス菌**と**乳酸菌**で、腸内にある善玉菌の99％以上はビフィズス菌が占めている。

　腸内の善玉菌は加齢とともに減少するが、食事によって増やせる。**善玉菌を増やすことで、免疫機能も強化され、ハードなトレーニングを継続できる体となる。**

腸内の善玉菌と悪玉菌

	善玉菌	悪玉菌
主な菌種	●ビフィズス菌 　（ヘテロ乳酸菌） ●乳酸菌（乳酸桿菌） 　（ホモ乳酸菌）	●ウェルシュ菌 ●ブドウ球菌 ●大腸菌
主な作用	●消化吸収の補助 ●ビタミンの合成 ●悪玉菌の増殖を抑制 ●免疫機能の強化 ●整腸作用	●細菌毒素の生成 ●発がん性物質の生成 ●免疫力の低下 ●便秘・下痢
特徴	ビフィズス菌は加齢とともに減少するものの、ビフィズス菌の増殖因子を含む食品で増やせる。乳酸菌は乳酸菌を多く含む食品で増やせる。	腸内で悪玉菌が増殖すると栄養をしっかり体内に吸収できなくなる。悪玉菌は善玉菌の代謝物である乳酸や酢酸の働きによって殺菌される。
優位性の判別	腸内で善玉菌が優位の時は大腸が正常に働くため、便通が良く、適度な硬さで黄色がかったバナナ状の便が出る。	悪玉菌が優位の時は便秘や下痢に。便も色が黒っぽく粘度の高い便または軟便が出る。さらに便の匂いも臭くなる。

ビフィズス菌入りのヨーグルトであれば、ビフィズス菌と乳酸菌の両方を摂ることができる。

※乳酸菌は糖などから乳酸を生成する細菌の総称。その中でも乳酸のみ作るタイプを「ホモ乳酸菌」、乳酸以外に酢酸などを作るタイプを「ヘテロ乳酸菌」という。

善玉菌を食事で増やす

ビフィズス菌には**増殖因子**というものがあり、菌を直接摂らなくても、増殖因子を含む食品を食べれば、腸内のビフィズス菌が増えるという報告がある。ビフィズス菌増殖因子は、にんじん、りんご、バナナに多く含まれているとされる。

また、オリゴ糖や水溶性食物繊維も、腸内で善玉菌のエサとなり、善玉菌を増殖させる。水溶性食物繊維は健康効果が高く（→P.46参照）、不足しがちな栄養素でもあるため、意識して摂ると良い。

善玉菌のひとつである乳酸菌は、ヨーグルトやキムチ、味噌などの発酵食品に多く含まれている。

腸内環境を整えるために摂りたい食品

ビフィズス菌増殖因子を多く含む食品

にんじん、りんご、バナナには、毎日ひと切れ食べるだけでも善玉菌のビフィズス菌を増やすことができる増殖因子が多く含まれているという報告がある。

善玉菌のエサとなる栄養素を多く含む食品

いんげんやエンドウ豆、小豆などの豆類、ごぼう、玉ねぎに多く含まれるオリゴ糖と、もずくやめかぶ、ひじきなどの海藻類に多く含まれる水溶性食物繊維は、善玉菌が増殖するためのエサになる。

乳酸菌(乳酸桿菌)を増やすことができる食品

キムチや漬物、味噌などの発酵食品、ヨーグルトやナチュラルチーズなどの乳発酵食品は乳酸菌を多く含む。納豆は納豆菌の働きでビフィズス菌を増やせるだけでなく、水溶性食物繊維も摂れる。

第6章 筋肥大のテクニック（食生活編）

消化吸収 ❷
肝臓の働きを助ける

オルニチンで肝臓をケア

　タンパク質摂取量が増えると代謝を行う肝臓の負担も大きくなるため、オルニチンというアミノ酸でケアすると良い。オルニチンを摂取すると、肝臓でのオルニチンサイクル（有害物質であるアンモニアを無毒の尿素に変換する回路）が活性化され、**肝臓の負担を軽減することができる。**

オルニチンを多く含む食品

しじみ／ブナしめじ／本しめじ

肝臓の働きを助けるオルニチン

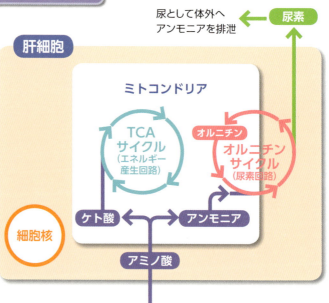

オルニチンが肝臓の中で有害物質であるアンモニアの処理を行うため、オルニチンを摂取することで、肝臓の負担が軽減される。

消化吸収❸
噛む回数を増やす

第6章 筋肥大のテクニック（食生活編）

消化吸収が悪くなる早食い

よく噛むことは**消化吸収を高める**最も簡単な方法。噛む回数を増やすだけでさまざまな効果が得られる。

まず噛む回数を増やすと、満腹中枢に作用するホルモンが長時間分泌されるため（※下図）、**食後の満腹感が長く持続する。食事誘発性熱産生（DIT）によるエネルギー（カロリー）代謝も増え**、ダイエット効果が期待できる。さらに、口内では唾液を通して消化酵素が分泌され、食事の消化吸収をアシストする。食事ではよく噛むことを意識しよう。

よく噛むことにより食品が細かく潰され、消化酵素のアミラーゼを含む唾液の分泌量が増える。

ひと口につき40回噛んだ時のほうが、15回噛んだ時より満腹中枢に作用して食欲を抑制する消化管ホルモンのコレシストキニンが長時間分泌された。同じ量を食べてもよく噛むほうが食事の満足感は高くなる。

噛む回数とホルモン分泌

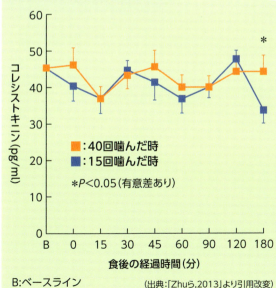

■:40回噛んだ時
■:15回噛んだ時

$*P<0.05$（有意差あり）

食後の経過時間（分）

B:ベースライン

（出典:「Zhu6, 2013」より引用改変）

コンディショニング ❶

疲労回復に有効な栄養素

疲労にもタイプがある

習慣的に筋トレや運動を行うには、疲労を残さないことも大切。体に疲労を抱えたままでは筋トレの質が下がり、モチベーションも低下する。疲労にはいくつかのタイプがあり、入浴や睡眠で疲れが取れない場合は、以下のような原因が考えられる。

①貧血

貧血とは血液中で酸素を運ぶヘモグロビンが少ない状態。タンパク質であるヘモグロビンは鉄と結合して血液中を移動する。タンパク質を必要量摂っているなら**鉄分の摂取**が貧血解消の近道。タンパク質と鉄分を一緒に摂れるレバーや牛肉が最適。

②筋グリコーゲンの枯渇

体を絞ろうとして糖質の摂取量を減らしすぎると、エネルギー源の筋グリコーゲンが枯渇し、エネルギー不足で疲労感が抜けなくなる。**筋トレや運動の後は糖質も摂って**筋グリコーゲンをしっかり回復させる。

また、クエン酸はエネルギーを産生するTCA回路（→P.75参照）で重要な役割を果たす。グリコーゲンの合成を促進する作用もあるため、クエン酸の摂取も有効となる。

クエン酸が摂れる食品

梅干しはクエン酸だけでなく水溶性食物繊維、不溶性食物繊維も豊富。

黒酢の主成分である酢酸は摂取すると体内でクエン酸に変換される。

③疲労物質の蓄積

摂取したタンパク質が分解される過程において疲労物質のアンモニアが生成される。タンパク質の摂取量が増えると体内ではアンモニアが蓄積しやすくなり、疲労を感じる場合もある。この場合、アンモニアを体外へ排出する作用のある**アルギニンやオルニチン、シトルリンを摂取**するのが有効となる。

コンディショニング❷

活性酸素を減らす

疲労の原因となる活性酸素

　P.148で解説した症状以外にもうひとつ疲労の原因となっているのが「**活性酸素**」である。

　吸い込んだ酸素が体内で代謝される過程で活性酸素は必ず生成されるが、激しい運動や各種ストレスによって過剰に作られる性質をもっている。活性酸素には体内の細胞や脂肪、コレステロールなどを酸化させて、老化や動脈硬化、がんなどの原因を生み出すマイナスの作用があるため、増えすぎてしまうと大きなリスクをともなう。

　筋トレや運動を行っている人は、体内で活性酸素が増えやすいため、活性酸素による酸化ストレスで細胞がダメージを受け、それが疲労感につながっている場合も考えられる。

　運動習慣により、ある程度は体内の抗酸化酵素（活性酸素を除去する酵素）の活性化なども起こるが、それだけでは不十分。**食事やサプリメントから抗酸化物質を摂取して、体内の酸化を抑えることが望ましい。**

　主な抗酸化物質には、抗酸化ビタミンであるビタミンC・Eや、大豆に含まれるイソフラボン、トマトに含まれるリコペン、緑茶に含まれるカテキン、赤ワインに含まれるアントシアニン、にんじんに含まれるβ-カロテン、α-カロテン、といった抗酸化作用をもつフィトケミカル※などがある。最近では、鶏むね肉に多く含まれているイミダゾールジペプチドの強力な抗酸化作用にも注目が集まっている。

活性酸素が増える原因
- ●筋トレや激しい運動
- ●強いストレス
- ●紫外線
- ●過度な飲酒
- ●喫煙　など

※体内でビタミンAとして作用するβ-カロテン、α-カロテンをビタミンC、ビタミンEとともに抗酸化ビタミンに含める場合もある。

※フィトケミカル：植物に含まれる化学物質の総称

第6章　筋肥大のテクニック（食生活編）

鶏むね肉100gで200mg前後のイミダゾールジペプチドが摂取できるといわれている。

アルコール ❶
飲酒リスクの軽減

アルコールは筋肥大の敵

　アルコールを飲むと筋肉にはさまざまな悪影響が及ぶ。筋肥大にはお酒との上手な付き合いも必要となる。

　アルコールを飲みすぎると、ストレスホルモンである**コルチゾール**が分泌される。コルチゾールには**筋肉の分解を進行させる**マイナスの作用があり、間接的に脂肪の合成も促進する。さらに、適量を超えたアルコールは筋肉の成長に関わるテストステロン（男性ホルモン）の分泌を抑制するといわれている。

　体にとってアルコールは有毒となるため、体内に入ると**肝臓がアルコールを分解しようと優先的に働く**。そのためアルコールを分解している間は、肝臓によるタンパク質の代謝が活発に行われない。

　筋トレを行った日に飲酒すると、トレーニングによって高めた筋タンパク質合成の反応が低下するリスクがあり、筋トレ効果を最大限に得ることが難しくなる。飲酒する場合は、筋トレを行わない日に飲むことで、リスクを回避することができる。

　また、毎日のように飲酒すると肝臓の疲労や肝機能の低下につながる。肝臓が正常に働かなければ筋肉も合成されないため、筋肥大のためにも健康維持のためにも休肝日を設け、適量の飲酒に抑えることが賢明だ。

筋肥大への飲酒リスク
- コルチゾールの分泌増加
- テストステロンの分泌減少
- 筋タンパク質合成の反応低下
- 肝臓の疲労・肝機能の低下
- 生活サイクルの乱れ

焼酎、ウィスキー、ウォッカなどの蒸留酒には糖質がほとんど含まれていないため、他のアルコール類よりも糖質やカロリーの摂取量をある程度抑えられる。ただし、アルコール度数が高いので注意しよう。

アルコール❷
高タンパクのおつまみ

第6章 筋肥大のテクニック（食生活編）

酒の肴に高タンパク食品

飲酒には、アルコールの摂取だけでなく、おつまみを食べすぎてしまうというリスクが存在する。

アルコールには、肝臓に脂肪を蓄積しやすくする作用もあるため、そこへ大量のカロリー（エネルギー）を送り込むのは負の連鎖。お酒の席ではなるべく糖質を控え、できるだけ**高タンパク低脂肪のおつまみ**を選ぶと良い。アルコールにより筋肉の分解が進みやすくなるため、タンパク質を十分に摂って分解を抑える。

筋肉の材料であるタンパク質は、アルコールの代謝を行う肝臓の材料としても重要。居酒屋などにも高タンパクメニューはたくさんあるため、飲酒時もタンパク質をしっかり摂取して肝機能をサポートしよう。

高タンパクなお酒のつまみ

焼き鳥はどれも高タンパク。鶏皮や手羽は高脂肪なので注意。

ちくわやかまぼこ、笹かまぼこなどの練り物は高タンパク低脂肪。

イカはアミノ酸スコアがやや低いものの、タンパク質が豊富。

お酒に合うチーズも高タンパク。ただし高脂肪なので食べすぎに注意。

お酒のお供に欠かせない枝豆は大豆タンパクを多く摂れる。

豆腐や厚揚げ、がんもどきなどの大豆加工食品も高タンパク。

ストレス解消
チートデイを作る

週に1回ストレスを発散

　ボディビルダーのようにハイレベルな肉体を目指す人でなければ、多少の妥協も筋肥大には効果的。**「チートデイ」**を作って日頃のストレスを発散することも、肉体作りを長く続けるための秘訣となる。

　チートデイとは、**週に1回だけ好きな物が食べられる日を作る**方法。精神的にリフレッシュできるだけでなく、人によっては普段は口にしない食事内容に体が刺激を受け、代謝が活発になるという場合もある。

　チートデイでは、体脂肪や体重が増えることを気にせず食べることが大切。普段行っている節制もチートデイを設けるだけで心に余裕が生まれ、筋トレへのモチベーション維持にもつながる。また、チートデイに外食の予定をもってくるのも良い。

　トレーニング量の多い日をチートデイにするほうが罪悪感なく食べられるが、チートデイは筋トレも休んで心身ともにリフレッシュするというボディビルダーもいる。

　チートデイの日やその翌日はランニングを取り入れるなどして消費カロリーを増やしても良い。ただし長時間のランニングになると筋肉の分解も進んでしまうので注意。

チートデイの例

例えばラーメンや揚げ物、ケーキ類など普段は節制している好物をチートデイに食べることでストレスを解消する。ボディビルダーには炭水化物だけを多く摂る「ハイカーボデイ」にする選手もいる。

第7章

筋肥大の テクニック （日常生活編）

筋肉の合成を促進するホルモンの分泌は、食事だけでなく筋トレでも増やすことができる。筋トレはこれまでの各種研究によって筋肥大効果の高い方法がある程度確立されている。

トレーニング・メソッド❶
分割法を取り入れる

各部位を分割して鍛える

「分割法」とは、「胸」や「腕」「背中」「脚」など、全身の各部位を分割して鍛えるトレーニング法。各曜日で異なる部位を鍛え、1週間トータルで全身を鍛えていく。ボディビルダーやアスリートが行う筋トレも分割法が基本となっている。

1度に全身を鍛えると、トレーニング時間が長くなって集中力が持続せず、筋肉の分解も進行する。

また、一度に多くの筋肉を鍛えても、1回に摂取できるタンパク質量や、1回に合成できるタンパク質量（※個人差あり）には限度があるため、効率的に筋肥大効果を得ること ができない。ほかにも長時間の筋トレには、疲労で途中からトレーニング強度が落ちるデメリットもある。

しかし、分割法は1回のトレーニング時間が短縮され、筋肉の分解もある程度抑えられる。ほかにも各部

一度に全身を鍛える弊害

1回に合成できるタンパク質量

筋タンパク質合成に必要なタンパク質量

1回に摂取できるタンパク質の量には限度があるため、1度に全身の筋肉を鍛えても、効率的な筋肥大にはつながらないと考えられる。

長時間トレーニングの弊害

1 筋肉の分解が進む

2 筋肥大の効率性が低下する

3 疲労で筋トレの強度が落ちる

位の回復期間を取りながら効率良く全身を鍛えられる利点もある。

また、1回の筋トレで鍛える筋肉を絞ることによって、刺激した筋肉に対し、筋肥大が可能となる量のタンパク質をしっかり供給できる。

筋トレで効率良く筋肥大効果を得るためには分割法が最適。分割法を活用することで、仕事や学校とトレーニングの両立も可能となる。

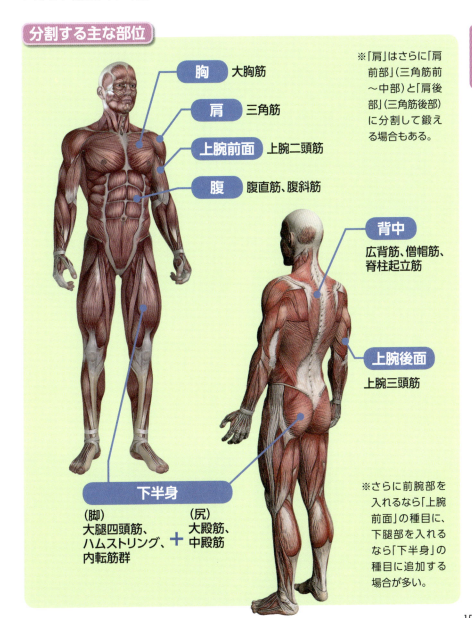

分割する主な部位

- 胸　大胸筋
- 肩　三角筋
- 上腕前面　上腕二頭筋
- 腹　腹直筋、腹斜筋
- 背中　広背筋、僧帽筋、脊柱起立筋
- 上腕後面　上腕三頭筋
- 下半身　(脚)大腿四頭筋、ハムストリング、内転筋群 ＋ (尻)大殿筋、中殿筋

※「肩」はさらに「肩前部」(三角筋前～中部)と「肩後部」(三角筋後部)に分割して鍛える場合もある。

※さらに前腕部を入れるなら「上腕前面」の種目に、下腿部を入れるなら「下半身」の種目に追加する場合が多い。

トレーニング・メソッド❷

分割法のプログラム例

1週間のサイクルを作る

　分割法のプログラム作りは、全身の各部位を1週間の中で振り分ける。振り分ける部位の目安はP.155で解説した分割が基本。筋肥大を狙うためには、各部位をそれぞれ1週間で2回鍛える（※トレーニング初心者であれば各部位とも週1回から始めて

も良い）。さらに、その2回のトレーニングは、最低でも中2日は回復期間を空けるように組んでいく。

　1回のトレーニングで2〜3部位を鍛えるのが一般的。組み合わせは自由となるが、関節の動きや使う筋肉がある程度近い部位を組み合わせたほうが、各筋肉にしっかり回復期間を与えられるメリットがある。

2分割の例

初級者向け

Ⓐ	Ⓑ
・上半身	・下半身

上半身と下半身に分割。各部位をそれぞれ週2回ずつ鍛えることがプログラム作成の基本。

中級者向け

Ⓐ	Ⓑ
・胸 ・肩前部 ・上腕後面 ・腹	・背中 ・肩後部 ・上腕前面 ・下半身

Ⓐは「上半身の押す筋肉」&「腹筋」、Ⓑは「上半身の引く筋肉」&「尻と脚の筋肉」の組み合わせ。

週3日サイクル（例）

月	火	水	木	金	土	日
	Ⓐ		Ⓑ		Ⓐ+Ⓑ	

「Ⓐ+Ⓑ」の日は全身を鍛えるのではなく、特に筋肥大させたい2〜3部位の種目に絞っても良い。

週4日サイクル（例）

月	火	水	木	金	土	日
Ⓐ	Ⓑ		Ⓐ		Ⓑ	

ⒶとⒷを週2回ずつ実施。「腹」は他の部位より休息を短くして週3〜4回または毎日鍛える人も。

3分割の例

初級者～中級者向け

Ⓐ	Ⓑ	Ⓒ
・胸 ・肩前部 ・上腕後面	・背中 ・肩後部 ・上腕前面	・下半身 ・腹

Ⓐは「上半身の押す筋肉」、Ⓑは「上半身の引く筋肉」、Ⓒは「お尻と脚の筋肉」&「腹筋」の組み合わせ。基本的な3分割の例。肩、腕とも前後で分けず、Ⓐに「肩」、Ⓑに「腕」という組み合わせもあり。

Ⓐ・Ⓑ・Ⓒを週2回ずつ実施。高重量を扱う種目が多くて疲労の回復にやや時間がかかる「背中」や「下半身」の回復期間を長くすると良い。

Ⓐ・Ⓑ・Ⓒを順番に週2回ずつ実施。週6日筋トレを実施。実施日を増やすほど分割しやすい。下半身を追い込むハードなⒸを休養日の前に。

4分割の例

中級者～上級者向け

Ⓐ	Ⓑ	Ⓒ	Ⓓ
・胸 ・上腕後面	・背中 ・上腕前面	・肩 ・腹	・下半身

多忙で平日の筋トレ時間を短縮したい人向け。Ⓑの「上腕前面」とⒸの「腹」の種目はダンベルさえあれば自宅でもある程度実施できる。特定の部位だけ鍛えたい人は該当部位だけ週2回鍛える。

週1回で鍛える部位と、週2回で鍛える部位に分けるプログラム例。オフを1日挟むことで回復を促し、次のトレーニングの強度を高める。

週7日で小分けに鍛えるプログラム。休む時は種目を他の曜日にまわして補う。Ⓒを自宅で実施すればジムへ行く時間が省ける。

トレーニング・メソッド❸

オールアウトする

筋トレでは力を出し切る

継続的に筋トレを行っていても、なかなか筋肥大できないという人も少なくない。タンパク質の摂取が適切であるならば、その原因は筋トレのやり方にあると考えられる。

負荷が軽すぎたり、回数が少なかったり、楽なフォームで行ったりしていると、高い効果を得ることはできない。筋肉に対して強いストレスを与えることで、成長ホルモンやテストステロン（男性ホルモン）の分泌が高まり、筋肥大につながる。

さらに、筋トレによる筋肥大効果が得られない原因で最も多いのが、「余力を残している」ということ。適正な負荷と回数を正しいフォームで行っても、余力を残して終了したら効果は半減。**力を出し切り、筋肉を限界まで追い込むことで初めて高い筋肥大効果を得ることができる。**

筋肉に与えるストレスと成長ホルモンの関係

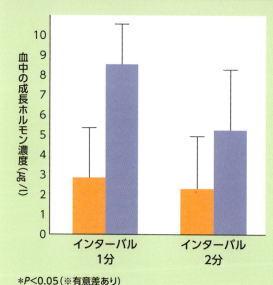

20代男性10名がスクワットとベンチプレスをそれぞれ異なるセット間インターバルで実施した実験では、短いインターバルのほうが成長ホルモンの分泌量が増える結果となった。
セット間のインターバルは1～2分を目安にすると効果的となるが、無理にインターバルを短くしても、挙上回数が減ったり、フォームが崩れたりするので注意。

*P＜0.05（※有意差あり）　　　　　（出典：「Rahimiら,2010より引用改変」）

力を出し切るテクニック

筋力を限界まで出し切ることを「オールアウト」とよぶ。例えば、ベンチプレスを10回×3セット行った時、3セット目が9回しか挙がらなかったとしたら、そこが限界でありオールアウトしたと考えて良い（※ボディビルダーの中にはそこから先のさらなる追い込みが重要とする選手もいる）。

筋肉を限界まで追い込むといっても、あくまでも自分の筋力に合わせた負荷で行うため危険性はない。

また、オールアウトした筋肉は休ませることが大切。回復期間の目安は48〜72時間。回復期間を短くして筋トレを行っても、筋タンパク質合成の反応を高めることができず、結果として筋肉の大きな成長にはつながらない可能性がある。

さらに、疲労が蓄積してトレーニングの強度が下がり、筋肉を痛めることにもつながるので注意しよう。

最終セットでは、限界を感じてからさらにもう1回反復して力をすべて出し切る。最後はチーティングで反動を使ったり、多少フォームを崩して他部位の力を借りてもOK。

ベンチプレスやスクワットといった高重量を扱う種目では、トレーニングパートナーやインストラクターに補助をしてもらうことで限界まで力を出し切りやすくなる。

トレーニング・メソッド❹
負荷と回数の設定

筋トレは適正な負荷で行う

筋トレは、筋力に対して重すぎる負荷（重量）で行うと、フォームが崩れ、動きも小さくなるなど筋肥大には逆効果。反対に負荷が軽すぎても筋肉を追い込むことができない。

筋トレは適正負荷で行うことが最も重要。これまでの研究では、8〜10回の反復が限界となる負荷で行うことが、筋肥大につながりやすいとの実験結果が出ている。これを適正負荷として考え、**3〜5セット行うことが筋トレの基本となる**。

反復可能回数で設定する適正な負荷（重量）

※「最大筋力」とは、反復できる最大の重量を反復するときに発揮される筋力

男性・女性に関係なく、8〜10回の反復が限界となる負荷で3〜5セット行うことが、筋肥大効果を得るための基本設定となる。

最大筋力に対する割合（％）	反復可能回数（回）
100%	1回
95%	2回
93%	3回
90%	4回
87%	5回
85%	6回
83%	7回
80%	8回
77%	9回
75%	10回
70%	11回
67%	12回
65%	13回

（出典：『National Strength and Conditioning Association[NSCA].2000』より引用改変）

トレーニング・メソッド ❺
無理せず休む

第 7 章 筋肥大のテクニック（日常生活編）

筋肉量の維持は難しくない

　肉体づくりを長く続けるためには、自制心も必要となるが、過度な自制心は自分で自分を追い込んでしまう危険がある。コンテストを目指すボディビルダーや試合に挑むアスリートでもなければ、疲れている時や忙しくて時間がない日などは、無理せず休むことも大切。疲労した体で無理をするとケガにもつながる。

　一般的に、筋肉量を増やすことは難しくても、維持することはそこまで難しくないといわれている。

　継続的なトレーニングによって筋細胞（筋線維）内にある細胞核の数が増えると（→P.22〜23参照）、トレーニングを中断しても細胞核の数は減少しないという可能性が考えられる。細胞核の数で支配できる細胞の体積が決まってくるため、細胞核の数が同じ場合、トレーニングを再開すれば、比較的簡単に筋肉を元のサイズに戻すことが可能となる。

体づくりは休むことを恐れず、適度にさぼることも時には大切である。

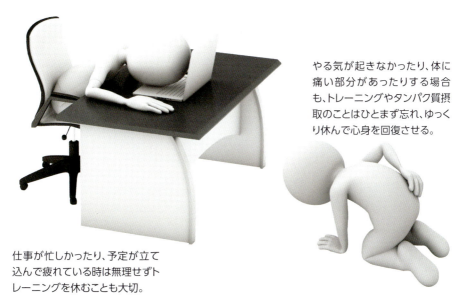

仕事が忙しかったり、予定が立て込んで疲れている時は無理せずトレーニングを休むことも大切。

やる気が起きなかったり、体に痛い部分があったりする場合も、トレーニングやタンパク質摂取のことはひとまず忘れ、ゆっくり休んで心身を回復させる。

コンディショニング ❶
減量期のメニューを作る

通常期と減量期に分ける

　筋肉を大きくするだけでなく、絞り込まれたグッドシェイプの肉体を目指す場合は、体脂肪や体重の増加に注意する必要がある。

　しかし、普段から無理な節制を行うとストレスが溜まり、脂肪とともに筋肉まで落ちてしまうリスクもある（※細マッチョを目指す場合は問題ない）。**ベストな肉体を一度作り上げたら、その状態をずっと維持するのではなく、通常期はその状態に戻せる範囲で維持する方法もある。**

通常期と減量期に分けるメリット

1　筋肥大しやすい
摂取エネルギーを制限しながら筋肥大することは難しいため、普段はしっかりエネルギーも摂ってトレーニングしたほうが筋肥大しやすい。

2　ストレスが溜まりにくい
通常期と減量期を分けることで普段から節制した生活を送る必要がなくなるため、精神的ストレスが溜まりにくくなり、モチベーションも維持できる。

3　高負荷の筋トレを続けられる
減量期以外は高負荷の筋トレに必要なエネルギーをしっかり摂れるため、筋肥大効果が得られるレベルの筋トレを無理なく継続することができる。

通常期
いつでもベストな体にもっていけるように体脂肪率を上げすぎないレベルでキープ。通常期は過度な節制をしていないため腹回りにはある程度の脂肪がついていても気にする必要なし。

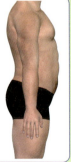

減量期
自分自身で納得するレベルまで減量し、その時の体重や体脂肪率を記録する。その状態に無理なくもっていける減量期間、減量メニューをいろいろ試しながら自分の中で確立する。

減量メニューを確立する

通常期の目安としては、ベストな状態より、体重で2〜3kg、体脂肪率で3〜5％程度高いところでキープ。そして、ベストな状態へもっていきたい日があれば、そこに向けて食事などを調整しながら減量する。

減量期に試行錯誤を繰り返すことによって、自分の中で減量する際の食事メニューや減量に要する日数などが次第に確立される。

また、体重や体脂肪率をある程度コントロールできるようになれば、食べすぎた日や飲みすぎた日があっても簡単にリカバリーできる。さらに、ベストな状態をより高いレベルへ引き上げることも可能となる。

減量期のメニュー作り

糖質・脂質制限

通常期の食生活から糖質と脂質を制限して摂取エネルギーを減らす。ただし脂質はPFCバランスで10％以下にはしない。

有酸素運動

有酸素運動で消費エネルギーを増やすのも有効。長時間になると筋肉の分解が進むため、スローペースで30分程度が目安。

体重チェック

減量期は毎日体重を計る。可能なら体脂肪率もチェック。自分のベストな状態を数値化すると減量の目標が立てやすくなる。

肉体チェック

体重より大切なのが肉体チェック。減量しても筋肉まで落ちては意味がないので、体の仕上がりを自分の目で毎日確かめる。

減量期の期間、メニューを確立

第7章 筋肥大のテクニック（日常生活編）

コンディショニング❷
睡眠の質を高める

筋肥大を阻害する睡眠不足

　体の成長において睡眠は絶対に欠かせないもの。睡眠の質を高めることも筋肉の成長につながる。

　まず睡眠不足は危険大。睡眠時間が7時間の人は、最も寿命が長くなり、生活習慣病の発症率も低いという研究報告もある（Luysterら,2012）。

　さらに、**睡眠不足になるとストレスホルモンであるコルチゾールの分泌が促進される**。コルチゾールには筋肉の分解を促し、成長ホルモンの分泌を抑制する作用があるため、筋肥大が阻害されてしまう。

浅い眠りのリスク

　また、睡眠時間だけでなく「睡眠の質」も重要となる。睡眠には、眠

眠りの深さと成長ホルモンの関係

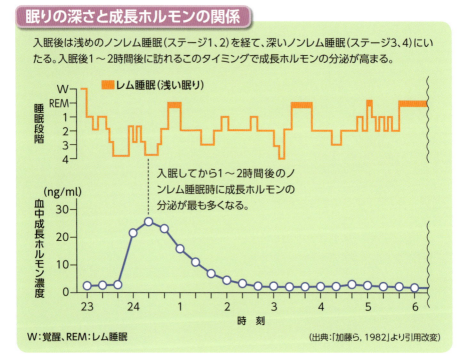

入眠後は浅めのノンレム睡眠（ステージ1、2）を経て、深いノンレム睡眠（ステージ3、4）にいたる。入眠後1～2時間後に訪れるこのタイミングで成長ホルモンの分泌が高まる。

W：覚醒、REM：レム睡眠　　　　　　　　　　　　　　　（出典：「加藤ら, 1982」より引用改変）

りの浅いレム睡眠と、眠りの深いノンレム睡眠があり、基本的に90〜120分周期で交互に入れ替わる。

ノンレム睡眠はさらに眠りの深さで4段階に分けられ、眠りの深いステージになると人間の意識を司る大脳皮質の活動が顕著に低下する。

眠りに落ちた入眠後、この状態が最初に訪れるタイミングで成長ホルモンは最も多く分泌される。7時間の睡眠時間が取れない人でも、**深い眠りに落ちれば成長ホルモンがしっかり分泌され**、筋肥大効果が高まる。

逆に眠りの浅い人は、なかなか深いステージのノンレム睡眠にいたらず、成長ホルモンの分泌量も少なくなる。睡眠が浅くなる主な原因には、下図のようなものがある。

第7章 筋肥大のテクニック〈日常生活編〉

照明やテレビをつけたまま眠ると、脳が昼間と錯覚して体を活動的にする交感神経が優位になる。さらに明るい場所では睡眠ホルモンであるメラトニンの分泌も減少するため、眠りが浅くなりやすい。

就寝直前までPCや携帯電話を見ていたり、ゲームをしていたりすると、興奮して交感神経が優位になる。また、夜更かしして寝不足が続くとコルチゾールの分泌量が増えて成長ホルモンの分泌が妨げられる。

コーヒーなどで就寝前にカフェインを摂取すると、カフェインの覚醒作用によって眠りが浅くなりやすい。さらにカフェインの利尿作用によって就寝中に目が覚めやすくなるリスクも。

栄養ドリンク剤はカフェイン入りの商品も多いため、就寝前に摂る場合はノンカフェインのタイプを選ぶ。

コンディショニング③
入浴で全身を温める

シャワーは入浴効果不十分

　毎日の入浴には、疲労回復だけでなく、ホルモンの流れを促進する効果もある。入浴することで疲労が回復するのは、副交感神経が優位になってリラックスするため。そして、もうひとつが血行の促進である。**お湯に浸かって体温が上昇すると、熱で温められた血管が拡張し、血流量が増える**。血流量が増えることで筋肉にホルモンやアミノ酸が多く送り込まれる。しかし、お湯が熱すぎるとストレスホルモンのコルチゾールが分泌され、成長ホルモンの分泌が抑えられる。さらに、交感神経が活性化して眠りが浅くなるので、お湯の温度は40℃程度に抑える。
　シャワーでは全身を温められないため、湯船に浸かるのが理想である。

全身を温める入浴効果

- 副交感神経が優位になることで精神的にリラックスする
- 体を温めると血行が促進され、疲労回復につながる
- 血流量が増えて筋肉にホルモンやアミノ酸が多く送られる

※大量に汗をかくような長時間の入浴は自律神経の疲労につながるリスクがあるので注意する。

全身を温めているつもりでも頸部はお湯から出ていて浸かっていない場合が多い。

顔を上に向けて入浴すると、頸部全体をしっかりお湯に浸けて全身が温められる。

第 8 章

高タンパクの食品&レシピ

鶏むね肉やツナ缶、卵、納豆など価格もお手頃な高タンパク食材は、コンビニで手軽に購入できる。さらに幅広い料理に使えるため、高タンパクメニューの材料としても重宝する。

高タンパク食品の選び方

高タンパク食品は、タンパク質含有量だけでなく、さまざまな選択基準がある。
毎日同じ物を食べ続けるよりも、いろいろな食品を食べることが理想となる。

タンパク質は多品目で摂る

鶏・牛・豚の肉類から魚介類、卵、大豆食品まで、タンパク質は多種多様な食品から摂ることができる。

食生活を楽しむには好きな食品を食べることも必要であり、生活のためには安い食材を選ぶことも重要。

しかし、筋肥大と健康増進の両立を考えると、多品目からバランス良くタンパク質を摂ることが望ましい。

高タンパク食材は、品目や食材によって異なる長所や特徴があるため、タンパク質含有量だけでなく、他の栄養面や食べやすさなどにも注目して食品を選んでみると良い。

高タンパク食品の主な選択基準

多量摂取

一度に多くのタンパク質を摂りやすいのは肉類。脂身や鶏皮は高脂質なので注意。

- 鶏肉
- 牛肉
- 豚肉 など

低価格

食事はコストも重要課題。肉類の中では鶏ささみ肉や鶏むね肉が比較的安価。

- 鶏肉(ささみ、むね)
- 卵
- 納豆
- 豆腐 など

低脂質

体脂肪が気になる人は低脂質の食品で摂取カロリーを抑えることが大切。

- 鶏肉(ささみ、むね※皮なし)
- 豚肉(ヒレ)
- 魚(マグロ赤身、タラなど)
- 卵(卵白) など

高栄養価

総合的に栄養価が高い食品は健康維持にも有効。それでも食べすぎは禁物。

- レバー
- 大豆食品
- 卵
- 牛乳 など

脂肪酸の質

DHAやEPAの含有量が多い食材を摂ることで生活習慣病などのリスクが減る。

- 魚(青魚、うなぎなど)

調理いらず

多忙な人や一人暮らしの人にはそのまま手軽に食べられる食品が便利。

- 魚(刺し身、缶詰)
- 卵
- 納豆
- 豆腐 など

※豆腐も量を食べやすいが、イソフラボンの摂取上限(75mg/日)を考慮すると1日1丁程度が適量となる

高タンパク食品の種類と特徴

食品	脂質の成分	含有量の多い主な栄養素	特徴
鶏肉	主成分は一価不飽和脂肪酸。次いで飽和脂肪酸。ささみ肉、むね肉はn-6系多価不飽和脂肪酸も多く含んでいる。	● ビタミンB6(ささみ肉、むね肉) ● イミダゾールジペプチド	ささみ肉とむね肉はn-6系多価不飽和脂肪酸が多く、筋タンパク質合成を促すビタミンB6も豊富。むね肉は抗酸化作用、疲労回復効果のあるイミダゾールジペプチドも含有している。
牛肉	飽和脂肪酸と一価不飽和脂肪酸が主成分。	● 鉄 ● 亜鉛	牛肉に多く含まれる鉄は吸収率が高いヘム鉄。筋タンパク質合成の促進に貢献する亜鉛が多く、ビタミンB2の含有量も比較的多い。
豚肉	飽和脂肪酸と一価不飽和脂肪酸が主成分。	● ビタミンB群(特にビタミンB1)	糖質のエネルギー代謝に不可欠なビタミンB1が牛肉、鶏肉の10倍近く含まれている。牛肉より必須脂肪酸であるn-6系多価不飽和脂肪酸が多い。
魚	飽和脂肪酸、一価不飽和脂肪酸、n-3系多価不飽和脂肪酸をバランス良く含んでいる。	● ビタミンB6 ● ビタミンB12 ● ビタミンD ● DHA・EPA	青魚に多く含まれるn-3系多価不飽和脂肪酸(DHA・EPA)には、血液中の中性脂肪を減らして血栓ができるのを防ぐ作用などがある。
卵(鶏卵)	黄身、卵白とも多いほうから一価不飽和脂肪酸、飽和脂肪酸、n-6系多価不飽和脂肪酸の順に含まれている。	● ビタミンA ● ビタミンB2 ● ビタミンE ● カルシウム ● 鉄 ● レシチン	完全食といわれる鶏卵からはタンパク質だけでなく多様な栄養素が摂れる。タンパク質をはじめ多くの栄養素は卵白より黄身に多く含まれている。
牛乳	主成分は飽和脂肪酸。次いで一価不飽和脂肪酸。低脂肪乳や無脂肪乳の商品であれば脂質はカットできる。	● カルシウム(鉄やビタミンDなどを強化した商品もあり)	筋肥大に必要なタンパク質と筋トレで消費されるカルシウムがしっかり摂れる。脂質や含有栄養素は商品によって異なるため成分表示で確認する。
豆腐・納豆	主成分はn-6系多価不飽和脂肪酸。一価不飽和脂肪酸と飽和脂肪酸も20％程度ずつ含まれている。	● ビタミンB2(納豆) ● カルシウム ● 鉄(納豆) ● 食物繊維(納豆) ● イソフラボン ● サポニン	植物性タンパク質が摂れる。大豆に含まれるイソフラボンやサポニンには抗酸化作用がある。納豆には水溶性と不溶性の食物繊維がどちらも多く含まれている。

※肉類の「含有量の多い主な栄養素」はレバーなど栄養価が高い特定部位を除いて選定
※魚類の「含有量の多い主な栄養素」はうなぎなど栄養価が高い特定魚種を除いて選定

第8章 高タンパクの食品&レシピ

実用的高タンパク食品

高タンパク食品の中でも、タンパク質含有量や栄養価、価格、食べやすさを総合的に見て、普段の食生活で積極的に取り入れたい実用的な食品がある。

肉類

鶏むね肉
安くて高タンパク低脂肪。高タンパク食品の大定番。100g中(※皮なし)のタンパク質24.4g、脂質1.9g。

鶏ささみ肉
ささみ肉も高タンパク低脂肪。価格はむね肉よりやや高め。100g中のタンパク質24.6g、脂質1.1g。

豚ヒレ肉
豚肉の中ではヒレ肉が高タンパクかつ低脂肪でオススメ。100g中のタンパク質22.2g、脂質3.7g。

牛ヒレ肉
牛肉もヒレ肉が高タンパク低脂肪。100g中のタンパク質20.8g、脂質11.2g。豚ヒレ肉よりは脂質高め。

※成分数値はすべて文部科学省「日本食品標準成分表(2015年版七訂)」より抜粋

魚類

鶏レバー
レバーは鉄分も豊富なので定期的に食べたい。100g中のタンパク質18.9g、脂質3.1g。鉄は9.0mg。

マグロ赤身
マグロ赤身は魚類の中でも特に高タンパク低脂肪。DHA・EPAは脂身のあるトロのほうに多い。100g中のタンパク質26.4g、脂質1.4g。

ツナ缶
ツナ缶は調理いらず。ノンオイルタイプは脂質も低い。100g中(※ノンオイル)のタンパク質16.0g、脂質0.7g。

カツオ
カツオはたたきでも売っているので刺身が苦手な人にも最適。100g中(※春獲り)のタンパク質25.8g、脂質0.5g。

イワシ缶
100g中(※水煮)のタンパク質20.7g、脂質10.6g。魚缶は魚種やメーカーで成分量が異なるため、各商品の成分表示で確認。

卵・大豆

卵(鶏卵)
卵は栄養価が高い優良食品。ただし脂質が高めなので要注意。100g中のタンパク質12.3g、脂質10.3g。

木綿豆腐
豆腐は絹ごしより木綿のほうが少しだけタンパク質含有量が多い。100g中のタンパク質6.6g、脂質4.2g。

第8章 高タンパクの食品&レシピ

171

調理法と栄養損失

栄養素には熱に強い性質をもつ栄養素と、熱に弱い性質の栄養素が存在する。各食品に含まれる栄養価は、焼く、煮るといった加熱調理によって変化する。

加熱調理による栄養損失

食事のバランスは、食材だけでなく調理法も偏らないことが大切。

例えば、青魚に含まれる**DHA・EPA（n-3系多価不飽和脂肪酸）は酸化しやすい性質があり、加熱すると劣化しやすくなる**。一方 β-カロテンやビタミンA、ビタミンEなどの脂溶性ビタミンは油と一緒に摂ると吸収効率が高まる。

脂質は茹でることで油分が茹で汁に流れ出るため、摂取量を減らすことができる。こういった栄養素の特徴を考えながら調理法を使い分けていくと良い。

また、調理法を変えることによっていろいろな味覚が堪能できる。

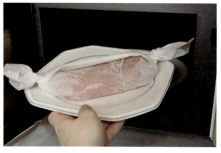

クッキングシートを使えば、電子レンジでも鍋を使わず手軽にお肉の蒸し焼きが作れる。

魚を焼くグリル専用の耐熱陶器を使うと、油も使わず鶏むね肉がジューシーに焼き上がる。

加熱調理に強い栄養素

タンパク質、糖質は加熱調理しても栄養損失が少ない栄養素。ビタミンや食物繊維は水に溶けない不溶性（脂溶性）のタイプが加熱調理に強い。ミネラルには熱に弱い種類もある。

- タンパク質
- 糖質
- 脂溶性ビタミン
- ミネラル
- 不溶性食物繊維

調理法による主な栄養損失

栄養損失の多くは加熱することによって栄養素が壊れるほか、水分と一緒に水溶性の栄養素が流れ出てしまう場合が多い。タンパク質の調理損失は比較的少ないのでそこまで気にする必要はない。

調理法	栄養損失	ポイント
生食	加熱しないため栄養損失が少ない。	● 保存状態によっては脂質が酸化するので注意 ● 調味料でカロリーや塩分を摂りすぎないように注意
炒める	● 水溶性ビタミン（B群、C） （※長時間炒めて水分が流れ出るほど栄養損失は増える） ● n-3系脂肪酸	● 炒め油の脂質を摂る分だけ脂質やカロリーの摂取量が増える ● 脂溶性ビタミン（A、D、E、K）の吸収率が高まる
網焼き	● 主にビタミンC	● 溶解した油が落ちて脂質やカロリーの摂取量が少し減る ● 焦がして硬くなると消化吸収が悪くなるので注意
茹でる	● 水溶性ビタミン（B群、C） ● カリウム　● 水溶性食物繊維 （※茹で汁に水溶性の栄養素が流れ出るため栄養損失が多い）	● 少量ながら脂質の油が茹で汁に流れ出るため、脂質やカロリーの摂取量を少し抑えられる
煮る	● 水溶性ビタミン（B群、C） ● カリウム ● 水溶性食物繊維 （※煮汁に水溶性の栄養素が流れ出るため栄養損失が多い）	● 煮汁やスープを飲めば流れ出た栄養素も摂取できる （※煮汁に流れ出た脂質の油も摂ることになる）
蒸す	● 主にビタミンC （※水分の流出が少ないため加熱調理の中では栄養損失が比較的少ない）	● 水分を加えて蒸し焼きにすると水溶性の栄養素の損失が増えるので注意
揚げる	● 主にビタミンC ● n-3系脂肪酸	● 揚げた衣の脂質を摂る分だけ脂質やカロリーの摂取量が増える ● 脂溶性ビタミン（A、D、E、K）の吸収率が高まる
電子レンジ	● 主にビタミンC （※調理時間が短くなるため栄養損失は比較的少ない）	● レンジ専用容器を使って水分が流れ出るような加熱調理をすると水溶性の栄養素の損失も増える

第8章 高タンパクの食品&レシピ

コンビニの高タンパク商品

24時間営業のコンビニエンスストアは忙しい人にとって食生活の強い味方。コンビニには安くて手軽に食べられる高タンパク商品が数多く並んでいる。

セブン-イレブン

サラダチキン（プレーン）

1袋115g。100gあたりタンパク質23.8g。エネルギー105kcal、脂質0.9g、炭水化物0.3g。「プレーン」「ハーブ」「シトラスレモン」「マイルドカレー」の4種類（※栄養成分量は味の種類でやや異なる）。（各213円）

ほぐしサラダチキン

1袋（80g）にタンパク質19.3g。エネルギー86kcal、脂質0.9g、炭水化物0.3g。ほぐしてあるので料理やサラダにも使いやすい。（198円）

遠赤外線で香ばしく仕上げた さばの塩焼き

1パックにタンパク質17.3g。エネルギー321kcal、脂質27.9g、炭水化物0.1g。骨をほとんど抜いているためお肉感覚で食べられる。（280円）

※価格はすべて店頭小売価格（※税込）

笹かま

1枚(32g)に タンパク質3.8g。エネルギー30kcal、脂質0.3g、炭水化物2.9g。海鮮系の高タンパク低カロリー商品(5枚入り199円)

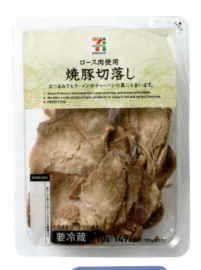

ロース肉使用 焼豚切落し

1包装(110g)に タンパク質19.8g。エネルギー149kcal。脂質4.2g、炭水化物8.1g。豚ロースを使用して低脂質に抑えている。(298円)

さんま蒲焼(缶)

1缶(80g)に タンパク質20.0g。エネルギー204kcal、脂質10.4g、炭水化物7.5g。魚缶としては低脂質で低カロリー。(127円)

味付き半熟
ゆでたまご(2個入)

1個あたり タンパク質5.8g。エネルギー64kcal、脂質4.2g、炭水化物0.6g。味付きなので塩いらず。(146円 ※1個売りは73円)

ささみスモーク

1袋(35g)に タンパク質8.3g。エネルギー37kcal、脂質0.2g、炭水化物0.6g。減量期でも食べられる低カロリー。(149円)

※商品の価格、成分量は2017年10月31日現在のデータ

第8章 高タンパクの食品&レシピ

あなたと、コンビに、
FamilyMart

淡路島藻塩の
国産鶏サラダチキン

1パック(110g)にタンパク質21.1g。エネルギー105kcal、脂質1.7g。国産の鶏肉を国内の工場で加工し、淡路島産の藻塩を使用して「まろやかな塩味」に仕上げた。(各258円 ※沖縄県では取り扱いなし)

ファミマでライザップ。
サラダチキンバー

1パック(60g)にタンパク質13.5g。エネルギー76kcal、脂質2.4g。高タンパク低脂肪で糖質は0g。ライザップとのコラボ商品。(158円)

国産鶏のスモークチキン

1パック(83g)にタンパク質15.4g。エネルギー109kcal、脂質4.2g。桜材でスモークした鶏むね肉のスライス。(198円 ※北海道では取り扱いなし)

おつまみグリルチキン

1パック(75g)にタンパク質17.3g。エネルギー118kcal、脂質4.1g、炭水化物3.0g。黒胡椒で味付けしたジューシーなチキン。(189円)

さんま塩焼き

1パック(1尾)にタンパク質17.1g。エネルギー198kcal、脂質14.3g。焼き魚でありながら低カロリー。(220円 ※沖縄県では取り扱いなし)

※一部の店舗で取り扱っていない場合あり　※価格はすべて店頭小売価格(※税込)
※商品のラインナップ、価格、成分量は2017年10月31日現在のデータ

LAWSON

スモークの薫りがそそる
サラダチキン（スモーク）

1袋(115g)にタンパク質28.5g。エネルギー131kcal、脂質1.6g、糖質0.5g。プレーンやレモンもあり（※価格や栄養成分量はスモークとやや異なる）。(210円)

本みりんで
上品な味わいに仕上げた
太ちくわ

1袋(100g2本入)にタンパク質14.2g。エネルギー111kcal、脂質0.6g、炭水化物も12.2g摂取できる。(160円)

骨まで柔らかい
いわしの生姜煮

1袋(120g)にタンパク質19.4g。エネルギー157kcal、脂質4.1g、炭水化物10.7g。低脂質ないわし煮(238円)

黒胡椒でスパイシーに
仕上げた
パストラミビーフ

1パック(47g)にタンパク質8.7g。エネルギー51kcal、脂質1.4g、炭水化物0.9g。カロリーを気にせず香ばしいビーフが食べられる。(150円)

ブランパン

1個あたりタンパク質6.2g。エネルギー70kcal、脂質2.8g、糖質2.2g、食物繊維5.5g。ブランを使用して低糖質のパンを商品化。乳酸菌も配合(2個入125円、4個入238円)

※価格はすべて店頭小売価格（※税込）
※商品の価格、成分量は2017年11月30日現在のデータ

第8章 高タンパクの食品&レシピ

コンビニで買えるその他の商品

ザバスミルク (明治)

1本(430ml)にタンパク質 15.0g。エネルギー100kcal、脂質0、炭水化物10.0g。さらにカルシウム350mgにビタミンB₆、クエン酸も配合されているミルクプロテイン。(162円 ※200mlパックは131円)

とうふ そうめん風 (紀文)

1包装(160g ※つゆ・のりを含む)にタンパク質6.1g。エネルギー102kcal、脂質3.2g、糖質11.1g、食物繊維2.4g。タンパク質も摂れる低カロリーの豆腐麺。「胡麻だれ付き」もあり(※栄養成分量はやや異なる)。(216円)

ダノン オイコス (プレーン・加糖) (ダノンジャパン)

1カップ(110g)にタンパク質9.7g。エネルギー90kcal、脂質0、炭水化物12.2g。カルシウム110mg。デザート感覚でタンパク質が摂れるギリシャヨーグルト。「プレーン・砂糖不使用」「ブルーベリー」「ストロベリー」「パッションフルーツ」などの種類もあり(※価格、栄養成分量は種類でやや異なる)。(プレーン160円)

おでんの高タンパク商品にも注目

コンビニで人気のおでんにも、タンパク質を摂れる食品が盛りだくさん。「がんもどき」「さつま揚げ」「ちくわ」「はんぺん」「たまご」などはいずれも高タンパク。

●100g中のタンパク質含有量 (※調理前)
(文部科学省「日本食品標準成分表(2015年版七訂)」より)

- ・がんもどき……15.3g
- ・さつま揚げ……12.5g
- ・焼きちくわ……12.2g
- ・たまご…………12.3g
- ・つみれ…………12.0g
- ・鶏つくね………15.2g

※取り扱っていない店舗もあり　※価格はすべてコンビニでの店頭小売り価格(※税込)
※商品の価格、成分量は2017年10月31日現在のデータ

高タンパク料理レシピ

バランス良く栄養を摂取するには、加工食品だけでなく調理することが大切。
ここからは男性でも簡単に作れる高タンパクメニューのレシピを紹介する。

多品目の食材で料理を作る

加工食品やサプリメントは手軽に栄養が摂れるものの、そればかりでは栄養が偏り、多品目の食材を食べることができない。外食もお金がかかるため、栄養バランスが整った食生活を送るためには、自宅で調理を行うことが有効な方法となる。

調理をしない人には、野菜が不足しやすい共通点がある。野菜にはビタミン・ミネラル以外にも**多種多様な機能性成分（フィトケミカル）**が含まれ、これらの成分は加工食品やサプリメントでは十分に摂れない。

フィトケミカルは、植物が自然界の有害物質から身を守るために作りだしたとされる成分であり、強力な抗酸化作用をもつカロテンやポリフェノールがその代表例。フィトケミカルの摂取が生活習慣病やがんの発症リスクを下げることは、多くの研究で報告されている。加齢に負けず筋トレに耐えるコンディションを維持するには、野菜をしっかり食べることも不可欠な要素といえる。

調理といっても時間や手間がかかるものばかりではない。**工夫をすれば鍋も包丁も使わずに多品目を取り入れた高タンパクレシピを作ることができる**。食材や味付けを工夫しながら、料理することを楽しもう。

第 **8** 章　高タンパクの食品＆レシピ

品目数が少ない食事のリスク

1 栄養の摂取バランスが偏る

2 特定の栄養素が摂取過多になる

3 食事を楽しむ感性がなくなる

レシピ❶

パサつきがちな鶏むね肉がレンジでしっとり

鶏むね肉の レンジ酒蒸し

材料（1人分）

- 鶏むね肉 ………………………… 1／3枚（100g）
- 長ネギ …………………………… 5cm前後（10g）
- にんにく（チューブ）…………… 約1cm（1g）
- 料理酒 …………………………… 大さじ1／2
- 塩 ………………………………… 少々
- コショウ ………………………… 少々
- しょう油 ………………………… 小さじ1
- ブロッコリー（冷凍食品）……… 4〜5個（50g）

（下準備）
冷凍ブロッコリーを袋の表示に従い解凍する（※生のブロッコリーを使う場合は、食べやすい大きさに切り、沸騰した湯に塩（分量外）を加えた鍋でサッと茹でる）。解凍できたらお皿に盛る。

作り方

1. 長ネギを斜めの細切りにする。
2. 鶏むね肉の皮を取り除き、肉を一口大にカットする。（※長ネギも肉もキッチンバサミで切ればOK）
3. 耐熱皿に②でカットした肉を入れ、塩・コショウを振ってから、肉一切れごとにニンニクを少量乗せる。（※できればスプーンなどで肉にこすりつけてなじませる）
4. ③の上に①で切った長ネギを乗せ、料理酒を振りかける。
5. ④にラップをかけ（少し隙間を作って破裂を防ぐ）、500Wで2〜3分ほどレンジにかける。（※肉に赤い部分が残っていたら加熱を追加する）
6. レンジから取り出し、熱いうちにしょう油をかけたら、ブロッコリーを盛った皿に汁ごとかけてでき上がり。（※お好みで粒マスタードなどを加えても良い）

調理時間
約15分
※下準備を含む

栄養価（1人分）

カロリー	151kcal
タンパク質	27g
脂質	2g
炭水化物	4g
食物繊維	2g

第8章 高タンパクの食品＆レシピ

 調理ポイント

キッチンバサミがあれば包丁を使わなくても作れる。パサつきやすい鶏むね肉も酒蒸しにすることでしっとり美味しく仕上がる。にんにくの代わりに生姜を使うとまた違った味わいが楽しめる。

 栄養MEMO

皮を外した鶏むね肉は、ささみ肉とともに低脂肪高タンパクの代表的な食材。鶏むね肉には、抗酸化作用や緩衝作用のあるイミダゾールジペプチドが豊富に含まれているため、疲労回復や筋肉痛緩和の効果も期待できる。鶏むね肉と栄養価の高い緑黄色野菜の組み合わせは、健康的にタンパク質を摂れる黄金の組み合わせ。

レシピ❷

ささみで簡単に作れるヘルシーハム
ささみの鶏ハム

材料（1人分）
- 鶏ささみ肉……………………………大2本（約110g）
- 塩……………………………………………少々
- コショウ……………………………………少々

（※お好みで海苔、大葉、ゆず胡椒、わさびしょう油など）

調理時間

約15分
※茹で汁を冷ます
時間は除く

（下準備）
鶏ささみ肉の筋が気になる場合はあらかじめ包丁で取り除く。気にならなければそのままでも良い。

> **作り方**

❶ 鶏ささみ肉の両面に塩・コショウを振りかけ、1本ずつラップにくるむ。(※水が入らないように大きめのラップで隙間がなくきつめにくるむ)

❷ 大きめの鍋にたっぷりの水を入れ、①のささみ肉を入れて火にかける。水が沸騰したらそのまま5分茹でる。

❸ 5分茹でたら火を止め、お湯が冷めるまで待つ。(※茹で汁が常温になるまで冷ましたほうが肉がしっとりと仕上がる)

❹ お湯が冷めたら、鍋からささみ肉を取り出してラップを取り除き、斜め薄切りにスライスしてでき上がり。(※お好みで大葉や海苔で巻いたり、すだちをかけたり、ゆず胡椒やわさびしょう油、粒マスタードなどと合わせて食べるのもオススメ)

ささみ(大)が2本で1人分。

栄養価(1人分)
カロリー …… 126kcal
タンパク質 ……… 27g
脂質 ………………… 1g
炭水化物 …………… 0g
食物繊維 …………… 0g

> **もうひと手間** ささみ肉をラップで巻いた後、冷蔵庫で半日ほどおいてから茹でると、味がさらに肉の中まで染み込む。

調理ポイント

茹でてから冷ますのに時間がかかるものの、調理自体はとても簡単。2〜3日は冷蔵庫で保存可能なので、作り置きしておくと便利。保存する際は、パサつきを防ぐためラップに巻いたまま保存容器やジップロック(ビニール袋でも可)に入れる。

栄養MEMO

低脂肪高タンパクのささみ肉は、タンパク質摂取の強い味方となるが、味が淡泊ですぐ食べ飽きてしまうのが難点。しかし、鶏ハムにすることで肉に味が染みこむだけでなく、手軽に味付けのバリエーションも広げられる。作り置きしておけば好きな時にタンパク質を摂ることができて便利。

第8章 高タンパクの食品&レシピ

レシピ❸

お刺身を使った手間いらずの青魚レシピ
マグロのばくだん風

材料（1人分）
- マグロ（刺身用 ※赤身）……………… 50g
- 青魚（刺身用 ※イワシ・アジなど）… 50g
- キムチ ……………………………………… 50g
- めかぶ ………………… 1パック
- 韓国のり ……………… 2〜3枚（お好みで）
- おろし生姜 …………… 少々（チューブや刺身の付属品でOK）

（下準備）
刺身は最初から一口大の切り身になっているものを選んで買ってくれば、切る手間が少なくなる。（※マグロ赤身の刺身はスーパーによって小さくサイコロ状にカットしたものもある）

作り方

① 刺身用のマグロ赤身と青魚を一口大の大きさに切る。刺身用の青魚に小葱などが付いている場合は一緒に入れる。(※キムチの大きさが気になる場合はキムチも食べやすく切る)

② ①を大きめのボウルに入れ、めかぶを加えてよく和える(※めかぶにタレがついていたらタレも加える)。さらにおろし生姜と韓国のりをちぎりながら加え、味がなじんだらでき上がり。(※お好みでしょう油を足しても良い)

もうひと手間
作ってから冷蔵庫で1時間ほど寝かせたほうが、味がよりなじんで美味しくなる。青魚の臭味が気になる場合は、生姜を多めに入れると食べやすくなる。

調理時間
約5分

栄養価(1人分)
- カロリー …… 204kcal
- タンパク質 ……… 25g
- 脂質 ………………… 8g
- 炭水化物 …………… 7g
- 食物繊維 …………… 3g

第8章 高タンパクの食品&レシピ

 調理ポイント

魚を使った料理は難しそうでちょっと苦手という人も、刺身を切って混ぜるだけなので大丈夫。キッチンバサミを使えば包丁を使わなくても作れる。刺身をそのまま食べるより、多彩な味付けや食感を楽しめる。

 栄養MEMO

マグロ赤身は低脂肪高タンパクで鉄分も豊富な優秀食材。青魚も健康効果の高いオメガ3脂肪酸の貴重な供給源。どちらの魚もバランス良く食べられるこのレシピは、筋肥大にも健康増進にも効果的。腸内の善玉菌を増やす発酵食品(キムチ)やネバネバ成分(めかぶ)と組み合わせることによって体をトータルにケアできる。

レシピ❹

タンパク質とたっぷり野菜が一緒に摂れる一品
ツナ入りコールスロー

材料（1人分）

- ツナ缶（ノンオイル）……………1缶(70g)
- 市販の千切りキャベツ……………1袋(120g)
- ゆで卵……………………………1個(50g)
- しそ油（えごま油）………………小さじ1(3g)
- 塩…………………………………少々
- コショウ…………………………少々

（※お好みでカレーパウダー、粒マスタード、ケチャップなど）

（下準備）
鍋に水を入れて卵を茹でる。沸騰してから10分茹でて、茹で上がった卵の殻を剥く。（※市販のゆで卵を買ってくれば、ゆで卵の調理時間が省ける）

作り方

① 千切りキャベツを耐熱容器に入れ、ふんわりとラップをかけて500Wで2分ほど加熱する。

② ①に汁を切ったツナ、ゆで卵、しそ油、塩、コショウを加え、ゆで卵をフォークなどで潰しながら和えていく。よく和えてキャベツと卵が混ざったらでき上がり。（※お好みでカレーパウダーをかけたり、粒マスタードやケチャップを加えても良い）

備考 しそ油（えごま油）は、同じオメガ3脂肪酸の亜麻仁油でもOK。

調理時間
約10分
※ゆで卵の調理時間を除く

栄養価（1人分）
カロリー …… 178kcal
タンパク質 ……… 20g
脂質 …………… 8g
炭水化物 ………… 7g
食物繊維 ………… 2g

第8章 高タンパクの食品&レシピ

調理ポイント

市販の千切りキャベツやゆで卵を使えば、包丁も使わず短時間で手軽に作れる。スーパーやコンビニで販売されている千切りキャベツやゆで卵は、少量で売っているため一人暮らしの人には適量となる。

栄養MEMO

ノンオイルのツナ缶は常備しておきたい低脂肪タンパク食品。ツナ缶だけだと味が単調になるので、ゆで卵や野菜と組み合わせるのがオススメ。野菜は生だとカサがあるため、加熱してしんなりさせるのが食べやすくするコツ。この1品で厚生労働省が推奨している1食あたりの野菜量※をクリアできる。ツナ缶をノンオイルにして、良質な油であるオメガ3脂肪酸が豊富なしそ油をプラスするとより健康効果が上がる。

（※「1食あたりの野菜量」は、1日350gの摂取を3食で分けた場合の目安量）

レシピ❺

ヘルシーな大豆食品のコンビに、
ミネラル豊富な乾物をプラス

豆腐の
具だくさん
納豆がけ

調理時間
約5分

材料(1人分)
- 木綿豆腐……………1／2丁(150g)
- 納豆…………………1パック(45〜50g)
- 桜えび(乾燥)………大さじ1(約3g)
- かつお節……………小1パック(3g)
- なめたけ……………大さじ1／2(10g)
- 海苔の佃煮…………小さじ2(14g)

（下準備）
木綿豆腐は1/2丁のパックを買ってくればそのまま使える。豆腐は絹ごし豆腐を使っても良いが、木綿豆腐のほうがタンパク質含有量は高い。

作り方

❶ ボウルに納豆（※タレは使わない）、桜えび、かつお節、なめたけ、海苔の佃煮を入れてよく混ぜる。

❷ お椀型の皿に豆腐をスプーンですくって盛り付け、豆腐に❶をかけてでき上がり。

栄養価（1人分）

カロリー	232kcal
タンパク質	24g
脂質	11g
炭水化物	12g
食物繊維	5g

豆腐を潰しながら❶とよく和えて食べても良い。食べやすくなるだけでなく、具材がしっかり混ざって味わい深くなる。

第8章 高タンパクの食品＆レシピ

 調理ポイント

食材を切ったり、加熱したりする手間がないので、あっという間に作れる。お好みで刻みネギなどを加えても良い。食欲が落ちやすい夏でも食べやすい和の一品。

 栄養MEMO

大豆に多く含まれるサポニンには悪玉コレステロールの酸化を抑え、動脈硬化を予防する働きがある。生活習慣病予防のためには大豆食品を一日1回は摂ることが望ましい。大豆食品のタンパク質含有率は肉や魚などに比べるとやや低いため、低脂肪高タンパクの桜えびやかつお節を加えてタンパク質をプラス。特に桜えびは保存が利いてカルシウムも豊富に摂れるので、常備しておくと便利。

レシピ❻

ミキサーで作る栄養満点の和風スムージー
冷製スープ仕立ての豆乳スムージー

材料（1人分）
- 豆乳（無調整）……………………200ml
- ほうれん草（冷凍食品）…………50g
- とろろ（冷凍）……………………1パック（40g）
- しょうが（チューブ）……………少々（2g）
- 麺つゆ（3倍濃縮）………………小さじ1／2（3g）

（下準備）
豆乳は砂糖などの糖類が入っていない無調整タイプを選ぶ。生のほうれん草や長芋を使う場合、ほうれん草はよく洗って3〜4cmの長さに切る。長芋は皮を剥く。

作り方

1. 材料をすべてミキサーに入れる。ほうれん草、とろろ（または長芋）、しょうがを先に入れてから豆乳と麺つゆを注ぐほうが、全体の量を調節しやすい。

2. スムージーのように全体が滑らかになるまでミキサーを回してでき上がり。

アレンジ 粘り気が好みに合わない場合は、氷や水を少し足すだけでサラッとした喉越しになる。麺つゆの量もお好みで調整。冷凍とろろが凍ったままだとミキサーによっては回りにくくなる場合があるので、少し早めに冷凍庫から出しておいたほうが作りやすい。

調理時間 約3分

栄養価（1人分）
- カロリー …… 135kcal
- タンパク質 ……… 10g
- 脂質 ………………… 4g
- 炭水化物 ………… 14g
- 食物繊維 …………… 2g

調理ポイント

冷凍食品の野菜を使えば、材料をミキサーに入れるだけなので、手間をかけずに短時間で作れる。冷凍食品の野菜は無添加で余分な成分が入っていない商品を選ぶ。

栄養MEMO

甘味がないと飲みにくい豆乳スムージーを、さっぱりとした冷製和風スープのように仕立てることで、余分な糖分を加えなくても風味を出すことができる。豆乳からタンパク質が摂れるだけでなく、とろろのネバネバ成分であるムチンの滋養強壮効果、ほうれん草に豊富なβ-カロテンの抗酸化作用などで、疲労の予防・回復も期待できる。

第8章 高タンパクの食品＆レシピ

主な高タンパク食品の栄養成分

出典：文部科学省「日本食品標準成分表（2015年版第七訂）」

「大豆食品」「卵・乳製品」「羊肉」「豚肉加工食品」（可食部100gあたりの含有量）	エネルギー	タンパク質	脂質	炭水化物	ビタミンA	ビタミンD	ビタミンE	ビタミンB₁
	kcal	g	g	g	μg	μg	mg	mg
1日の摂取推奨量（18～49歳男性）	2650	60	74	398	900	5.5	6.5	1.4
大豆/黄大豆/茹で	176	14.8	9.8	8.4	Tr	0	1.6	0.17
木綿豆腐	72	6.6	4.2	1.6	0	0	0.2	0.07
絹ごし豆腐	56	4.9	3	2	0	0	0.1	0.1
焼き豆腐	88	7.8	5.7	1	0	0	0.2	0.07
油揚げ	410	23.4	34.4	0.4	0	0	1.3	0.06
がんもどき	228	15.3	17.8	1.6	0	0	1.5	0.03
糸引き納豆	200	16.5	10	12.1	0	0	0.5	0.07
挽きわり納豆	194	16.6	10	10.5	0	0	0.8	0.14
おから	111	6.1	3.6	13.8	0	0	0.4	0.11
鶏卵/全卵	151	12.3	10.3	0.3	150	1.8	1	0.06
鶏卵/卵黄	387	16.5	33.5	0.1	480	5.9	3.4	0.21
鶏卵/卵白	47	10.5	Tr	0.4	0	0	0	0
普通牛乳	67	3.3	3.8	4.8	38	0.3	0.1	0.04
加工乳(低脂肪乳)	46	3.8	1	5.5	13	Tr	Tr	0.04
マトン/ロース/脂身つき	225	19.8	15	0.2	12	0.7	0.7	0.16
マトン/もも肉/脂身つき	224	18.8	15.3	0.1	7	0.4	1.3	0.14
マトン/肩肉/脂身つき	233	17.1	17.1	0.1	8	0.9	0.5	0.13
ラム/ロース/脂身つき	310	15.6	25.9	0.2	30	0	0.6	0.12
ラム/もも肉/脂身つき	198	20	12	0.3	9	0.1	0.4	0.18
豚/ロースハム	196	16.5	13.9	1.3	Tr	0.6	0.3	0.6
豚/生ハム/促成	247	24	16.6	0.5	5	0.3	0.3	0.92
豚/ベーコン	405	12.9	39.1	0.3	6	0.5	0.6	0.47
豚/ウインナーソーセージ	321	13.2	28.5	3	Tr	0.5	0.6	0.26
豚/焼き豚	172	19.4	8.2	5.1	Tr	0.6	0.3	0.85
ロースとんかつ	450	22	35.9	9.8	11	0.7	3.5	0.75
ヒレかつ	388	25.1	25.3	14.9	3	0.3	4.1	1.09

※加工食品の栄養成分量は各メーカーで異なる

※「1日の摂取推奨量」の数値は厚生労働省「日本人の食事摂取基準(2015年版)」より抜粋
※「ビタミンD」「ビタミンE」「カリウム」「リン」の数値は「1日の摂取目安量」、「ナトリウム」の数値は「1日の摂取目標量」
※「ビタミンA」の含有量は「レチノール活性当量」の数値、「ビタミンE」の含有量は「α-トコフェロール」の数値
※「脂質」は1日の摂取目標量として「1日の摂取エネルギー(2650kcal)」の25%を算出
※「炭水化物」は1日の摂取目標量として「1日の摂取エネルギー(2650kcal)」の60%を算出
※「ビタミンA」「カルシウム」「マグネシウム」「鉄」の1日の摂取推奨量は30-49歳の数値

ビタミンB2	ビタミンB6	ビタミンB12	ビタミンC	ナトリウム	カリウム	カルシウム	マグネシウム	リン	鉄	亜鉛
mg	mg	µg	mg	mg	mg	mg	mg	mg	mg	mg
1.6	1.4	2.4	100	3150未満	2500	650	370	1000	7.5	10
0.08	0.1	0	Tr	1	530	79	100	190	2.2	1.9
0.03	0.05	0	Tr	59	140	86	130	110	0.9	0.6
0.04	0.06	0	Tr	14	150	57	55	81	0.8	0.5
0.03	0.05	0	Tr	4	90	150	37	110	1.6	0.8
0.04	0.07	0	0	4	86	310	150	350	3.2	2.5
0.04	0.08	0	Tr	190	80	270	98	200	3.6	1.6
0.56	0.24	Tr	Tr	2	660	90	100	190	3.3	1.9
0.36	0.29	Tr	Tr	2	700	59	88	250	2.6	1.3
0.03	0.06	0	Tr	5	350	81	40	99	1.3	0.6
0.43	0.08	0.9	0	140	130	51	11	180	1.8	1.3
0.52	0.26	3	0	48	87	150	12	570	6	4.2
0.39	0	0	0	180	140	6	11	11	0	Tr
0.05	0.03	0.3	1	41	150	110	10	93	0	0.4
0.18	0.04	0.4	Tr	60	190	130	14	90	0.1	0.4
0.21	0.32	1.3	1	62	330	3	17	180	2.7	2.5
0.33	0.3	1.6	1	37	230	4	21	140	2.5	3.4
0.26	0.12	2	1	70	310	4	23	120	2.2	5
0.16	0.23	1.4	1	72	250	10	17	140	1.2	2.6
0.27	0.29	1.8	1	59	340	3	22	200	2	3.1
0.12	0.23	0.4	50	1000	260	10	19	340	0.5	1.1
0.18	0.43	0.4	18	1100	470	6	20	200	0.7	2.2
0.14	0.18	0.7	35	800	210	6	18	230	0.6	1.8
0.13	0.1	1.1	10	730	180	7	13	190	0.8	1.4
0.2	0.2	1.2	20	930	290	9	20	260	0.7	1.3
0.15	0.31	0.5	1	110	340	14	27	200	0.6	1.9
0.32	0.33	0.6	1	140	440	17	33	260	1.3	2.7

※「Tr」:含有量が数値化できる最小量に達していない

主な高タンパク食品の栄養成分

「豚肉」 (可食部100gあたりの含有量) ※「脂身なし」は「皮下脂肪なし」の意	エネルギー	タンパク質	脂質	炭水化物	ビタミンA	ビタミンD	ビタミンE	ビタミンB₁	
	kcal	g	g	g	μg	μg	mg	mg	
1日の摂取推奨量 (18～49歳男性)	2650	60	74	398	900	5.5	6.5	1.4	
豚(大型種)肩肉/脂身つき	216	18.5	14.6	0.2	5	0.2	0.3	0.66	
豚(大型種)肩肉/脂身なし	171	19.7	9.3	0.2	4	0.2	0.3	0.71	
豚(大型種)肩肉/赤肉	125	20.9	3.8	0.2	3	0.1	0.3	0.75	
豚(大型種)肩ロース/脂身つき	253	17.1	19.2	0.1	6	0.3	0.4	0.63	
豚(大型種)肩ロース/脂身なし	226	17.8	16	0.1	6	0.3	0.4	0.66	
豚(大型種)肩ロース/赤肉	157	19.7	7.8	0.1	4	0.2	0.3	0.72	
豚(大型種)ロース/脂身つき	263	19.3	19.2	0.2	6	0.1	0.3	0.69	
豚(大型種)ロース/脂身なし	202	21.1	11.9	0.3	5	0.1	0.3	0.75	
豚(大型種)ロース/赤肉	150	22.7	5.6	0.3	4	0.1	0.3	0.8	
豚(大型種)ばら肉/脂身つき	395	14.4	35.4	0.1	11	0.5	0.5	0.51	
豚(大型種)もも肉/脂身つき	183	20.5	10.2	0.2	4	0.1	0.3	9	
豚(大型種)もも肉/脂身なし	148	21.5	6	0.2	3	0.1	0.3	0.94	
豚(大型種)もも肉/赤肉	128	22.1	3.6	0.2	3	0.1	0.3	0.96	
豚(大型種)ヒレ肉	130	22.2	3.7	0.3	3	0.3	0.3	1.32	
豚(中型種)肩肉/脂身つき	239	18.3	17.2	0	5	Tr	0.3	0.7	
豚(中型種)肩肉/脂身なし	185	19.7	10.8	0	3	Tr	0.3	0.75	
豚(中型種)肩肉/赤肉	123	21.4	3.5	0	2	0	0.3	0.82	
豚(中型種)肩ロース/脂身つき	256	17.7	19.3	0	4	Tr	0.3	0.7	
豚(中型種)肩ロース/脂身なし	226	18.5	15.7	0	4	Tr	0.3	0.74	
豚(中型種)肩ロース/赤肉	151	20.6	6.8	0	3	0	0.3	0.82	
豚(中型種)ロース/脂身つき	291	18.3	22.6	0.2	6	0.1	0.3	0.77	
豚(中型種)ロース/脂身なし	216	20.6	13.6	0.2	5	0.1	0.3	0.86	
豚(中型種)ロース/赤肉	141	22.9	4.6	0.2	4	0.1	0.3	0.96	
豚(中型種)ばら肉/脂身つき	434	13.4	40.1	0	9	0.1	0.4	0.45	
豚(中型種)もも肉/脂身つき	225	19.5	15.1	0.2	5	0.1	0.3	0.9	
豚(中型種)もも肉/脂身なし	164	21.3	7.8	0.2	4	0.1	0.3	0.98	
豚(中型種)もも肉/赤肉	143	21.9	5.3	0.2	4	0.1	0.3	1.01	
豚(中型種)ヒレ肉	112	22.7	1.7	0.1	2	0	0.3	1.22	
豚/肝臓/レバー	128	20.4	3.4	2.5	13000	1.3	0.4	0.34	
豚足/茹で	230	20.1	16.8	Tr	6	1	0.4	0.05	

主な高タンパク食品の栄養成分

	ビタミンB2	ビタミンB6	ビタミンB12	ビタミンC	ナトリウム	カリウム	カルシウム	マグネシウム	リン	鉄	亜鉛
	mg	mg	μg	mg	mg	mg	mg	mg	mg	mg	mg
	1.6	1.4	2.4	100	3150未満	2500	650	370	1000	7.5	10
	0.23	0.32	0.4	2	53	320	4	21	180	0.5	2.7
	0.25	0.34	0.4	2	55	340	4	22	190	0.4	2.9
	0.27	0.37	0.4	2	58	360	4	24	200	1.1	3.1
	0.23	0.28	0.5	2	54	300	4	18	160	0.6	2.7
	0.25	0.3	0.4	2	56	310	4	19	170	0.5	2.9
	0.28	0.33	0.4	2	61	340	4	21	190	1.1	3.2
	0.15	0.32	0.3	1	42	310	4	22	180	0.3	1.6
	0.16	0.35	0.3	1	45	340	5	24	200	0.3	1.8
	0.18	0.38	0.3	1	48	360	5	26	210	0.7	1.9
	0.13	0.22	0.5	1	50	240	3	15	130	0.6	1.8
	0.21	0.31	0.3	1	47	350	4	24	200	0.7	2
	0.22	0.32	0.3	1	49	360	4	25	210	0.7	2.1
	0.23	0.33	0.3	1	50	370	4	26	220	0.9	2.2
	0.25	0.54	0.5	1	56	430	3	27	230	0.9	2.2
	0.22	0.3	0.3	1	53	320	4	20	180	0.5	3
	0.24	0.33	0.3	1	57	350	5	22	190	0.5	3.3
	0.27	0.36	0.3	2	61	380	5	24	210	1.2	3.6
	0.24	0.33	0.4	1	55	310	4	20	180	0.7	3.2
	0.25	0.35	0.4	1	57	330	4	21	180	0.6	3.4
	0.29	0.39	0.4	2	63	360	4	23	200	1.3	3.8
	0.13	0.35	0.3	1	39	310	3	20	170	0.3	1.6
	0.14	0.39	0.3	1	43	340	4	23	190	0.2	1.8
	0.15	0.43	0.3	1	47	380	4	26	210	0.6	2
	0.11	0.23	0.3	1	43	220	3	14	120	0.6	1.6
	0.19	0.37	0.3	1	48	330	4	22	190	0.5	2
	0.2	0.4	0.3	1	51	360	4	24	200	0.5	2.2
	0.21	0.42	0.3	1	53	370	4	25	210	0.9	2.3
	0.25	0.48	0.2	1	48	400	4	28	220	1.2	2.3
	3.6	0.57	25.2	20	55	290	5	20	340	13	6.9
	0.12	0.02	0.4	0	110	50	12	5	32	1.4	1

※「Tr」:含有量が数値化できる最小量に達していない

「鶏肉」「鴨肉」 (可食部100gあたりの含有量) ※「脂身なし」は「皮下脂肪なし」 の意	エネルギー	タンパク質	脂質	炭水化物	ビタミンA	ビタミンD	ビタミンE	ビタミンB₁	
	kcal	g	g	g	μg	μg	mg	mg	
1日の摂取推奨量 (18〜49歳男性)	2650	60	74	398	900	5.5	6.5	1.4	
鶏/手羽	195	23	10.4	0	60	0.1	0.1	0.04	
鶏むね肉/皮つき	244	19.5	17.2	0	72	0.1	0.2	0.05	
鶏むね肉/皮なし	121	24.4	1.9	0	50	0	0.1	0.06	
鶏もも肉/皮つき	253	17.3	19.1	0	47	0.1	0.1	0.07	
鶏もも肉/皮なし	138	22	4.8	0	17	0	0.1	0.1	
鶏ささみ肉	114	24.6	1.1	0	9	0	0.1	0.09	
若鶏/手羽	210	17.8	14.3	0	47	0.4	0.6	0.07	
若鶏むね肉/皮つき	145	21.3	5.9	0.1	18	0.1	0.3	0.09	
若鶏むね肉/皮つき/焼き	233	34.7	9.1	0.1	27	0.1	0.5	0.12	
若鶏むね肉/皮なし	116	23.3	1.9	0.1	9	0.1	0.3	0.1	
若鶏むね肉/皮なし/焼き	195	38.8	3.3	0.1	14	0.1	0.5	0.14	
若鶏もも肉/皮つき	204	16.6	14.2	0	40	0.4	0.7	0.1	
若鶏もも肉/皮つき/焼き	241	26.3	13.9	0	25	0.4	0.2	0.14	
若鶏もも肉/皮つき/茹で	237	22.3	15.2	0	47	0.4	0.2	0.07	
若鶏もも肉/皮なし	127	19	5	0	16	0.2	0.6	0.12	
若鶏もも肉/皮なし/焼き	161	25.5	5.7	0	13	0	0.3	0.12	
若鶏もも肉/皮なし/茹で	155	25.1	5.2	0	14	0	0.3	0.12	
若鶏ささみ肉	105	23	0.8	0	5	0	0.2	0.09	
若鶏ささみ肉/焼き	127	27.3	1.3	0	4	0	Tr	0.1	
若鶏ささみ肉/茹で	125	27.3	1	0	3	0	Tr	0.09	
鶏/心臓(ハツ)	207	14.5	15.5	Tr	700	0.4	1	0.22	
鶏/肝臓/レバー	111	18.9	3.1	0.6	14000	0.2	0.4	0.38	
鶏/筋胃(砂肝)	94	18.3	1.8	Tr	4	0	0.3	0.06	
鶏/軟骨	54	12.5	0.4	0.4	1	0	Tr	0.03	
若鶏/手羽先	226	17.4	16.2	0	51	0.6	0.6	0.07	
若鶏/手羽元	197	18.2	12.8	0	44	0.3	0.5	0.08	
若鶏/唐揚げ/皮つき	313	24.2	18.1	13.3	28	0.2	2.5	0.12	
チキンナゲット	194	15.5	13.7	14.9	24	0.2	2.9	0.08	
つくね	226	15.2	15.2	9.3	38	0.4	1	0.11	
合鴨肉/皮つき	333	14.2	29	0.1	46	1	0.2	0.24	

主な高タンパク食品の栄養成分

ビタミンB2	ビタミンB6	ビタミンB12	ビタミンC	ナトリウム	カリウム	カルシウム	マグネシウム	リン	鉄	亜鉛
mg	mg	μg	mg	mg	mg	mg	mg	mg	mg	mg
1.6	1.4	2.4	100	3150未満	2500	650	370	1000	7.5	10
0.11	0.2	0.7	1	44	120	16	14	100	1.2	1.7
0.08	0.35	0.3	1	31	190	4	20	120	0.3	0.7
0.1	0.47	0.2	1	34	210	5	26	150	0.4	0.7
0.23	0.17	0.5	1	42	160	8	16	110	0.9	1.7
0.31	0.22	0.6	1	50	220	9	21	150	2.1	2.3
0.12	0.66	0.1	Tr	40	280	8	21	200	0.6	2.4
0.1	0.38	0.4	2	79	220	14	17	150	0.5	1.2
0.1	0.57	0.2	3	42	340	4	27	200	0.3	0.6
0.17	0.6	0.4	3	65	510	6	40	300	0.4	1
0.11	0.64	0.2	3	45	370	4	29	220	0.3	0.7
0.18	0.66	0.3	4	73	570	7	47	340	0.5	1.1
0.15	0.25	0.3	3	62	290	5	21	170	0.6	1.6
0.24	0.28	0.5	2	92	390	6	29	230	0.9	2.5
0.21	0.22	0.3	2	47	210	9	23	160	1	2
0.19	0.31	0.3	3	69	320	5	24	190	0.6	1.8
0.23	0.37	0.4	3	81	380	7	29	220	0.9	2.6
0.18	0.36	0.3	2	56	260	10	25	190	0.8	2.2
0.11	0.6	0.1	2	33	420	3	31	220	0.2	0.6
0.14	0.52	0.2	2	38	480	4	36	260	0.3	0.7
0.12	0.58	0.1	1	29	350	4	32	220	0.3	0.7
1.1	0.21	1.7	5	85	240	5	15	170	5.1	2.3
1.8	0.65	44.4	20	85	330	5	19	300	9	3.3
0.26	0.04	1.7	5	55	230	7	14	140	2.5	2.8
0.03	0.03	0.1	3	390	170	47	15	78	0.3	0.3
0.09	0.3	0.5	2	78	201	20	16	140	0.6	1.5
0.1	0.45	0.3	2	80	230	10	19	150	0.5	1
0.23	0.21	0.3	2	990	430	11	32	240	1	2.1
0.09	0.28	0.1	1	630	260	48	24	220	0.6	0.6
0.18	0.16	0.3	0	720	260	33	25	170	1.1	1.4
0.35	0.32	1.1	1	62	220	5	16	130	1.9	1.4

※「Tr」:含有量が数値化できる最小量に達していない

「牛肉」 (可食部100gあたりの含有量) ※「脂身なし」は「皮下脂肪なし」 の意	エネルギー	タンパク質	脂質	炭水化物	ビタミンA	ビタミンD	ビタミンE	ビタミンB$_1$	
	kcal	g	g	g	μg	μg	mg	mg	
1日の摂取推奨量 (18～49歳男性)	2650	60	74	398	900	5.5	6.5	1.4	
和牛/肩肉/脂身つき	286	17.7	22.3	0.3	Tr	0	0.4	0.08	
和牛/肩肉/脂身なし	265	18.3	19.8	0.3	Tr	0	0.4	0.08	
和牛/肩肉/赤肉	201	20.2	12.2	0.3	0	0	0.3	0.09	
和牛/肩ロース/脂身つき	411	13.8	37.4	0.2	3	0	0.5	0.06	
和牛/肩ロース/脂身なし	403	14	36.5	0.2	3	0	0.5	0.06	
和牛/肩ロース/赤肉	316	16.5	26.1	0.2	3	0	0.4	0.07	
和牛/リブロース/脂身つき	573	9.7	56.5	0.1	11	0	0.6	0.04	
和牛/リブロース/脂身なし	556	10.3	54.4	0.1	10	0	0.6	0.04	
和牛/リブロース/赤肉	436	14	40	0.2	7	0	0.4	0.05	
和牛/サーロイン/脂身つき	498	11.7	47.5	0.3	3	0	0.6	0.05	
和牛/サーロイン/脂身なし	456	12.9	42.5	0.3	3	0	0.5	0.05	
和牛/サーロイン/赤肉	317	17.1	25.8	0.4	2	0	0.4	0.07	
和牛/ばら肉(脂身つき)	517	11	50	0.1	3	0	0.6	0.04	
和牛/もも肉/脂身つき	259	19.2	18.7	0.5	Tr	0	0.3	0.09	
和牛/もも肉/脂身なし	233	20.2	15.5	0.6	Tr	0	0.2	0.09	
和牛/もも肉/赤肉	193	21.3	10.7	0.6	0	0	0.2	0.1	
和牛/ヒレ肉	223	19.1	15	0.3	1	0	0.4	0.09	
乳用牛/肩肉/脂身つき	257	16.8	19.6	0.4	5	0	0.5	0.09	
乳用牛/肩肉/脂身なし	217	17.9	14.9	0.4	4	0	0.5	0.09	
乳用牛/肩肉/赤肉	143	19.9	6.1	0.5	3	0	0.4	0.1	
乳用牛/肩ロース/脂身つき	318	16.2	26.4	0.2	7	0.1	0.5	0.06	
乳用牛/肩ロース/脂身なし	308	16.5	25.2	0.2	7	0.1	0.5	0.06	
乳用牛/肩ロース/赤肉	212	19.1	13.9	0.2	5	0.1	0.5	0.07	
乳用牛/リブロース/脂身つき	409	14.1	37.1	0.2	13	0.1	0.5	0.05	
乳用牛/リブロース/脂身なし	378	15	33.4	0.2	12	0.1	0.4	0.05	
乳用牛/リブロース/赤肉	248	18.8	17.8	0.3	10	0.2	0.3	0.06	
乳用牛/サーロイン/脂身つき	334	16.5	27.9	0.4	8	0	0.4	0.06	
乳用牛/サーロイン/脂身なし	270	18.4	20.2	0.5	7	0	0.4	0.06	
乳用牛/サーロイン/赤肉	177	21.1	9.1	0.6	5	0	0.3	0.07	
乳用牛/ばら肉(脂身つき)	426	12.8	39.4	0.3	13	0	0.6	0.05	

主な高タンパク食品の栄養成分

ビタミンB2	ビタミンB6	ビタミンB12	ビタミンC	ナトリウム	カリウム	カルシウム	マグネシウム	リン	鉄	亜鉛
mg	mg	μg	mg	mg	mg	mg	mg	mg	mg	mg
1.6	**1.4**	**2.4**	**100**	**3150 未満**	**2500**	**650**	**370**	**1000**	**7.5**	**10**
0.21	0.32	1.5	1	47	280	4	19	150	0.9	4.9
0.22	0.33	1.6	1	48	290	4	19	160	0.8	5.1
0.24	0.37	1.7	1	52	320	4	21	170	2.7	5.7
0.17	0.18	1.1	1	42	210	3	14	120	0.7	4.6
0.17	0.18	1.1	1	42	210	3	14	120	0.7	4.6
0.21	0.21	1.2	1	49	240	3	16	140	2.4	5.6
0.09	0.15	1.1	1	39	150	2	10	84	1.2	2.6
0.09	0.16	1.2	1	41	160	3	10	88	1.3	2.8
0.13	0.23	1.5	1	53	210	3	14	120	1.7	3.9
0.12	0.23	1.1	1	32	180	3	12	100	0.9	2.8
0.13	0.26	1.1	1	34	200	3	13	110	0.8	3.1
0.17	0.35	1.4	1	42	260	4	18	150	2	4.2
0.11	0.16	1.2	1	44	160	4	10	87	1.4	3
0.2	0.34	1.2	1	45	320	4	22	160	2.5	4
0.21	0.36	1.2	1	47	330	4	23	170	2.7	4.3
0.22	0.38	1.3	1	48	350	4	24	180	2.8	4.5
0.24	0.37	1.6	1	40	340	3	22	180	2.5	4.2
0.19	0.32	2.2	1	56	290	4	19	160	1.1	4.1
0.21	0.34	2.3	1	59	310	4	20	170	0.9	4.5
0.24	0.38	2.6	2	65	340	4	22	190	2.6	5.1
0.17	0.21	1.7	1	50	260	4	16	140	0.9	4.7
0.17	0.22	1.7	1	51	270	4	17	140	0.9	4.8
0.2	0.25	2	1	57	310	4	19	160	2.4	5.7
0.12	0.22	1	1	40	230	4	14	120	1	3.7
0.13	0.23	1.1	1	42	240	4	15	130	0.9	4
0.17	0.29	1.3	2	51	300	4	19	160	2.1	5.2
0.1	0.38	0.8	1	48	270	4	16	150	1	2.9
0.11	0.43	0.8	1	53	300	4	17	170	0.8	3.3
0.12	0.5	0.9	2	60	340	4	20	190	2.1	3.8
0.12	0.21	1.9	1	56	190	3	12	110	1.4	2.8

※「Tr」:含有量が数値化できる最小量に達していない

「牛肉※続き」(可食部100gあたりの含有量)※「脂身なし」は「皮下脂肪なし」の意	エネルギー	タンパク質	脂質	炭水化物	ビタミンA	ビタミンD	ビタミンE	ビタミンB₁	
	kcal	g	g	g	μg	μg	mg	mg	
1日の摂取推奨量(18〜49歳男性)	2650	60	74	398	900	5.5	6.5	1.4	
乳用牛/もも肉/脂身つき	209	19.5	13.3	0.4	3	0	0.6	0.08	
乳用牛/もも肉/脂身なし	181	20.5	9.9	0.4	2	0	0.5	0.08	
乳用牛/もも肉/赤肉	140	21.9	4.9	0.4	1	0	0.4	0.09	
乳用牛/ヒレ肉	195	20.8	11.2	0.5	4	0	0.5	0.12	
輸入牛/肩肉/脂身つき	180	19	10.6	0.1	7	0.3	0.6	0.08	
輸入牛/肩肉/脂身なし	157	19.6	7.8	0.1	5	0.3	0.6	0.08	
輸入牛/肩肉/赤肉	130	20.4	4.6	0.1	4	0.2	0.6	0.09	
輸入牛/肩ロース/脂身つき	240	17.9	17.4	0.1	10	0.4	0.7	0.07	
輸入牛/肩ロース/脂身なし	237	18	17.1	0.1	10	0.4	0.7	0.07	
輸入牛/肩ロース/赤肉	173	19.7	9.5	0.1	7	0.2	0.5	0.07	
輸入牛/リブロース/脂身つき	231	20.1	15.4	0.4	9	0.4	0.7	0.08	
輸入牛/リブロース/脂身なし	223	20.3	14.4	0.4	9	0.4	0.7	0.08	
輸入牛/リブロース/赤肉	179	21.7	9.1	0.4	7	0.2	0.6	0.09	
輸入牛/サーロイン/脂身つき	298	17.4	23.7	0.4	11	0.6	0.6	0.05	
輸入牛/サーロイン/脂身なし	238	19.1	16.5	0.4	8	0.4	0.6	0.06	
輸入牛/サーロイン/赤肉	136	22	4.4	0.5	4	0	0.4	0.06	
輸入牛/ばら肉(脂身つき)	371	14.4	32.9	0.2	24	0.4	1.1	0.05	
輸入牛/もも肉/脂身つき	165	19.6	8.6	0.4	5	0.2	0.5	0.08	
輸入牛/もも肉/脂身なし	149	20	6.7	0.4	4	0.1	0.4	0.09	
輸入牛/もも肉/赤肉	132	21.2	4.3	0.4	3	0.1	0.4	0.09	
輸入牛/ヒレ肉	133	20.5	4.8	0.3	4	0.4	0.7	0.1	
牛タン	356	13.3	31.8	0.2	3	0	0.9	0.1	
牛/心臓(ハツ)	142	16.5	7.6	0.1	9	0	0.6	0.42	
牛/肝臓(レバー)	132	19.6	3.7	3.7	1100	0	0.3	0.22	
牛/第一胃(ミノ)/茹で	182	24.5	8.4	0	1	Tr	0.4	0.04	
牛/小腸	287	9.9	26.1	0	2	0	0.3	0.07	
牛/腱(牛すじ)/茹で	155	28.3	4.9	0	0	0	0.1	0	
牛/尾(テール)	492	11.6	47.1	Tr	20	0	0.3	0,.06	
ローストビーフ	196	21.7	11.7	0.9	Tr	0.1	0.3	0.08	
牛/横隔膜(ハラミ)	301	14.9	25.2	0.3	4	0	0.7	0.15	

主な高タンパク食品の栄養成分

ビタミンB2	ビタミンB6	ビタミンB12	ビタミンC	ナトリウム	カリウム	カルシウム	マグネシウム	リン	鉄	亜鉛
mg	mg	µg	mg	mg	mg	mg	mg	mg	mg	mg
1.6	1.4	2.4	100	3150未満	2500	650	370	1000	7.5	10
0.2	0.32	1.2	1	49	330	4	22	180	1.4	4.5
0.21	0.33	1.2	1	50	340	4	23	190	1.3	4.7
0.22	0.35	1.3	1	52	360	4	24	200	2.7	5.1
0.26	0.43	3	1	56	380	4	23	200	2.4	3.4
0.22	0.26	2.2	1	54	320	4	20	170	1.1	5
0.23	0.27	2.3	1	56	330	4	21	180	1	5.3
0.25	0.27	2.4	1	58	340	4	22	180	2.4	5.5
0.2	0.25	1.8	1	49	300	4	18	150	1.2	5.8
0.2	0.25	1.8	1	49	300	4	18	150	1.2	5.8
0.23	0.27	2.1	2	54	320	4	20	170	2.4	6.4
0.16	0.37	1.3	2	44	330	4	20	170	2.2	4.7
0.16	0.38	1.4	2	45	330	4	20	170	2.2	4.8
0.17	0.4	1.5	2	47	350	4	21	180	2.3	5.2
0.12	0.42	0.6	1	39	290	3	18	150	1.4	3.1
0.13	0.46	0.7	1	42	320	4	20	170	1.3	3.4
0.16	0.54	0.8	2	48	360	4	23	190	2.2	3.9
0.12	0.28	1.3	1	52	230	4	14	130	1.5	3
0.19	0.44	1.5	1	41	310	3	21	170	2.4	3.8
0.2	0.45	1.5	1	42	320	3	22	170	2.5	3.9
0.21	0.48	1.6	1	44	340	4	23	180	2,.6	4.1
0.25	0.39	2	1	45	370	4	24	180	2.8	2.8
0.23	0.14	3.8	1	60	230	3	15	130	2	2.8
0.9	0.29	12.1	4	70	260	5	23	170	3.3	2.1
3	0.89	52.8	30	55	200	5	17	330	4	3.8
0.14	0.01	2	2	51	130	11	14	82	0.7	4.2
0.23	0.05	20.5	15	77	180	7	10	140	1.2	1.2
0.04	0	0.4	0	93	19	15	4	23	0.7	0.1
0.17	0.26	1.8	1	50	110	7	13	85	2	4.3
0.25	0.47	1.6	0	310	260	6	24	200	2.3	4.1
0.34	0.19	4.7	1	47	250	2	17	150	3.2	3.8

※「Tr」:含有量が数値化できる最小量に達していない

「魚類」 (可食部100gあたりの含有量)	エネルギー	タンパク質	脂質	炭水化物	ビタミンA	ビタミンD	ビタミンE	ビタミンB₁	
	kcal	g	g	g	μg	μg	mg	mg	
1日の摂取推奨量 (18〜49歳男性)	2650	60	74	398	900	5.5	6.5	1.4	
アイナメ	113	19.1	3.4	0.1	6	9	1.7	0.24	
アジ	126	19.7	4.5	0.1	7	8.9	0.6	0.13	
アナゴ	161	17.3	9.3	Tr	500	0.4	2.3	0.05	
鮎/天然	100	18.3	2.4	0.1	35	1	1.2	0.13	
鮎/養殖	152	17.8	7.9	0.6	55	8	5	0.15	
あんこう	58	13	0.2	0.3	13	1	0.7	0.04	
うるめイワシ	136	21.3	4.8	0.3	130	9	1.6	0.08	
かたくちイワシ	192	18.2	12.1	0.3	11	4	0.4	0.03	
イワシ(真イワシ)	169	19.2	9.2	0.2	8	32	2.5	0.03	
イワナ/養殖	114	19	3.6	0.1	5	5	1.6	0.09	
うなぎ/蒲焼き	293	23	21	3.1	1500	19	4.9	0.75	
メカジキ	153	19.2	7.6	0.1	61	8.8	4.4	0.06	
カツオ(春獲り)	114	25.8	0.5	0.1	5	4	0.3	0.13	
カツオ(秋獲り)	165	25	6.2	0.2	20	9	0.1	0.1	
ソウダガツオ	136	25.7	2.8	0.3	9	22	1.2	0.17	
カマス	148	18.9	7.2	0.1	12	11	0.9	0.03	
カレイ(真ガレイ)	95	19.6	1.3	0.1	5	13	1.5	0.03	
カワハギ	80	18.8	0.1	Tr	2	43	0.6	0.02	
カンパチ	129	21	4.2	0.1	4	4	0.9	0.15	
キス	80	18.5	0.2	0	1	0.7	0.4	0.09	
銀ダラ	232	13.6	18.6	Tr	1500	3.5	4.6	0.05	
金目鯛	160	17.8	9	0.1	63	2	1.7	0.03	
コチ(真ゴチ)	100	22.5	0.5	0.2	1	1	0.1	0.07	
コノシロ	160	19	8.3	0.4	Tr	9	2.5	Tr	
サケ(銀鮭)/養殖	204	19.6	12.8	0.3	36	15	1.8	0.15	
サケ(白鮭)	133	22.3	4.1	0.1	11	32	1.2	0.15	
サーモン(大西洋鮭)/養殖	237	20.1	16.1	0.1	17	10	3.4	0.22	
ニジマス/淡水養殖	127	19.7	4.6	0.1	17	12	1.2	0.21	
サケ(紅鮭)	138	22.5	4.5	0.1	27	33	1.3	0.26	
サバ(真サバ)	247	20.6	16.8	0.3	37	5.1	1.3	0.21	

主な高タンパク食品の栄養成分

	ビタミンB2	ビタミンB6	ビタミンB12	ビタミンC	ナトリウム	カリウム	カルシウム	マグネシウム	リン	鉄	亜鉛
	mg	mg	μg	mg	mg	mg	mg	mg	mg	mg	mg
	1.6	1.4	2.4	100	3150未満	2500	650	370	1000	7.5	10
	0.26	0.18	2.2	2	150	370	55	39	220	0.4	0.5
	0.13	0.3	7.1	Tr	130	360	66	34	230	0.6	1.1
	0.14	0.1	2.3	2	150	370	75	23	210	0.8	0.7
	0.15	0.17	10.3	2	70	370	270	24	310	0.9	0.8
	0.14	0.28	2.6	2	55	360	250	24	320	0.8	0.9
	0.16	0.11	1.2	1	130	210	8	19	140	0.2	0.6
	0.36	0.55	14.2	1	95	440	85	37	290	2.3	1.3
	0.16	0.58	13.9	1	85	300	60	32	240	0.9	1
	0.39	0.49	15.7	0	81	270	74	30	230	2.1	1.6
	0.12	0.21	4.2	1	49	380	39	29	260	0.3	0.8
	0.74	0.09	2.2	Tr	510	300	150	15	300	0.8	2.7
	0.09	0.37	1.9	1	71	440	3	29	260	0.5	0.7
	0.17	0.76	8.4	Tr	43	430	11	42	280	1.9	0.8
	0.16	0.76	8.6	Tr	38	380	8	38	260	1.9	0.9
	0.29	0.54	12.4	Tr	81	350	23	33	230	2.6	1.2
	0.14	0.31	2.3	Tr	120	320	41	34	140	0.3	0.5
	0.35	0.15	3.1	1	110	330	43	28	200	0.2	0.8
	0.07	0.45	1.3	Tr	110	380	13	28	240	0.2	0.4
	0.16	0.32	5.3	Tr	65	490	15	34	270	0.6	0.7
	0.03	0.22	2.2	1	100	340	27	29	180	0.1	0.4
	0.1	0.09	2.8	Tr	74	340	15	26	180	0.3	0.3
	0.05	0.28	1.1	1	59	330	31	73	490	0.3	0.3
	0.17	0.34	1.7	1	110	450	51	33	260	0.2	0.6
	0.17	0.33	10.2	0	160	370	190	27	230	1.3	0.7
	0.14	0.32	5.2	1	48	350	12	25	290	0.3	0.6
	0.21	0.64	5.9	1	66	350	14	28	240	0.5	0.5
	0.09	0.46	8.9	1	39	360	8	28	250	0.3	0.4
	0.1	0.36	6	2	50	370	24	28	240	0.2	0.6
	0.15	0.41	9.4	Tr	57	380	10	31	260	0.4	0.5
	0.31	0.59	12.9	1	110	330	6	30	220	1.2	1.1

※「Tr」：含有量が数値化できる最小量に達していない

「魚類※続き」 (可食部100gあたりの含有量)	エネルギー	タンパク質	脂質	炭水化物	ビタミンA	ビタミンD	ビタミンE	ビタミンB₁	
	kcal	g	g	g	μg	μg	mg	mg	
1日の摂取推奨量 (18〜49歳男性)	2650	60	74	398	900	5.5	6.5	1.4	
サンマ	297	17.6	23.6	0.1	16	14.9	1.7	0.01	
シマアジ/養殖	168	21.9	8	0.1	10	18	1.6	0.25	
スズキ	123	19.8	4.2	Tr	180	10	1.2	0.02	
黒鯛	150	20.4	6.7	0.3	12	4	1.4	0.12	
真鯛/天然	142	20.6	5.8	0.1	8	5	1	0.09	
真鯛/養殖	177	20.9	9.4	0.1	11	7	2.4	0.32	
タチウオ	266	16.5	20.9	Tr	52	14	1.2	0.01	
スケトウダラ	76	17.4	0.3	0	10	0.5	0.9	0.05	
タラ(真鱈)	77	17.6	0.2	0.1	10	1	0.8	0.1	
ニシン	216	17.4	15.1	0.1	18	22	3.1	0.01	
ハタハタ	113	14.1	5.7	Tr	20	2	2.2	0.02	
はも	144	22.3	5.3	Tr	59	5	1.1	0.04	
ヒラマサ	142	22.6	4.9	0.1	19	5	1.4	0.2	
ヒラメ/天然	103	20	2	Tr	12	3	0.6	0.04	
ヒラメ/養殖	126	21.6	3.7	Tr	19	1.9	1.6	0.12	
トラフグ/養殖	85	19.3	0.3	0.2	3	4	0.8	0.06	
ブリ	257	21.4	17.6	0.3	50	8	2	0.23	
ハマチ	251	20.7	17.2	0.3	32	4	4.6	0.16	
ホッケ	115	17.3	4.4	0.1	25	3	1.7	0.09	
キハダマグロ	106	24.3	0.4	Tr	2	6	0.4	0.15	
クロマグロ/赤身	125	26.4	1.4	0.1	83	5	0.8	0.1	
クロマグロ/脂身	344	20.1	27.5	0.1	270	18	1.5	0.04	
ビンナガマグロ	117	26	0.7	0.2	4	7	0.7	0.13	
ミナミマグロ	93	21.6	0.1	0.1	6	4	1	0.03	
メバチマグロ	108	22.8	1.2	0.2	3	2	0.3	0.03	
ムツ	189	16.7	12.6	Tr	8	4	0.9	0.03	
メジナ	125	19.4	4.5	0.1	55	1	0.8	0.05	
メバル	109	18.1	3.5	Tr	11	1	1.5	0.07	
ヤマメ	119	18.4	4.3	0.3	15	8	2.2	0.15	
ワカサギ	77	14.4	1.7	0.1	99	2	0.7	0.01	

主な高タンパク食品の栄養成分

ビタミンB2	ビタミンB6	ビタミンB12	ビタミンC	ナトリウム	カリウム	カルシウム	マグネシウム	リン	鉄	亜鉛
mg	mg	μg	mg	mg	mg	mg	mg	mg	mg	mg
1.6	1.4	2.4	100	3150未満	2500	650	370	1000	7.5	10
0.27	0.51	15.4	Tr	130	190	26	26	170	1.3	0.8
0.15	0.52	3.2	Tr	53	390	16	29	250	0.7	1.1
0.2	0.27	2	3	81	370	12	29	210	0.2	0.5
0.3	0.42	3.7	3	59	400	13	36	250	0.3	0.8
0.05	0.31	1.2	1	55	440	11	31	220	0.2	0.4
0.08	0.4	1.5	3	52	450	12	32	240	0.2	0.5
0.07	0.2	0.9	1	88	290	12	29	180	0.2	0.5
0.11	0.09	2.9	1	100	350	13	24	180	0.2	0.5
0.1	0.07	1.3	Tr	110	350	32	24	230	0.2	0.5
0.23	0.42	17.4	Tr	110	350	27	33	240	1	1.1
0.14	0.08	1.7	0	180	250	60	18	120	0.5	0.6
0.18	0.23	1.9	1	66	450	79	29	280	0.2	0.6
0.14	0.52	2.1	3	47	450	12	36	300	0.4	0.7
0.11	0.33	1	3	46	440	22	26	240	0.1	0.4
0.34	0.44	1.5	5	43	440	30	30	240	0.1	0.5
0.21	0.45	1.9	Tr	100	430	6	25	250	0.2	0.9
0.36	0.42	3.8	2	32	380	5	26	130	1.3	0.7
0.21	0.45	4.6	2	38	340	19	29	210	1	0.8
0.17	0.17	10.7	1	81	360	22	33	220	0.4	1.1
0.09	0.64	5.8	0	43	450	5	37	290	2	0.5
0.05	0.85	1.3	2	49	380	5	45	270	1.1	0.4
0.07	0.82	1	4	71	230	7	35	180	1.6	0.5
0.1	0.94	2.8	1	38	440	9	41	310	0,.9	0.5
0.05	1.08	2.2	Tr	43	400	5	27	240	1.8	0.5
0.08	0.46	4.5	Tr	49	420	4	35	330	1.4	0.4
0.16	0.1	1.9	Tr	85	390	25	20	180	0.5	0.4
0.38	0.16	1.8	0	91	380	27	30	240	0.3	0.9
0.17	0.11	1.5	2	75	350	80	27	200	0.4	0.4
0.16	0.22	6.6	3	50	420	85	28	280	0.5	0.8
0.14	0.17	7.9	1	200	120	450	25	350	0.9	2

※「Tr」:含有量が数値化できる最小量に達していない

監修者のことば　❷

　筋肉をつけるためには、トレーニングだけでなく食事も必須であることが経験的にも科学的にも証明されています。筋肉づくりの現場での問題点は、二極化の現状を感じます。ひとつは、栄養の知識が乏しいためにトレーニング効果を得られないケース。もうひとつは、筋肥大のみを目的とした極端に偏った食事を摂っているケースです。後者は一見、筋肥大効果を得られているため見過ごされがちですが、どちらも「栄養」本来の役割を正しく理解していないという点で同じです。

　食事は筋肥大のために必要となりますが、筋肥大だけのものではありません。「健全な心身」を育てることが食事本来の役割であり、「バランスよく」食事を摂ることが原点となります。トレーニング効果を十分に引き出す秘訣は、「健全な心身」という土台をしっかり築くことにあるのです。

　また、筋肉は競技力や格好良さだけでなく、近年の研究から健康にも大きく貢献することが分かっています。つまり、筋肉づくりは一時的なものではなく、生涯かけて続けるべき「習慣」なのです。その実現のためにもやはり、健全な心身を支えるバランスの良い食事が重要といえるでしょう。

　類書では、個人の経験論や、筋肉づくりだけに焦点を当てた栄養戦略の紹介で終わるものが多く見られます。本書と類書の大きな違いは、栄養学の基礎に関する情報も充実させたうえで筋肉づくりの栄養戦略を紹介し、食事の大切さへの理解を深めたうえでサプリメントや市販食品の活用法を紹介している点です。「生涯続けられる筋肉づくりのための栄養辞典」を作りたいという思いから、このような構成となりました。栄養戦略に関しては、数ある情報を科学的根拠に基づいて精査し、現状において信頼性の高い内容を紹介しています。情報が氾濫する現代社会において、本書が正しい情報を見極めるための有効な手段となるはずです。

　筋肉を太く・大きくすることは、思っている以上に簡単なことではありません。適切なトレーニングと栄養摂取、そしてしっかりした休養も必要です。筋肉は愛情をもって育てるもの。つまり「筋育」の精神こそが基盤となります。本書を通じて、読者の皆様の「筋育」のお手伝いができれば幸いです。

管理栄養士・健康運動指導士
竹並　恵里

参考書籍&参考文献

- 『三訂基礎栄養学』(建帛社、林淳三監修)
- 『総合栄養学事典第四版』(同文書院、吉川春寿・芦田淳編)
- 『アミノ酸の機能特性-ライフサイエンスにおける新しい波-』(建帛社、日本栄養・食糧学会監修)
- 『シンプル生理学改訂第4版』(南江堂、根来英雄・貴邑冨久子共著)
- 『栄養素の通になる第4版』(女子栄養大学出版部、上西一弘著)
- 『食用油脂入門』(日本食糧新聞社、神村義則監修)
- 『スポーツと健康の栄養学第3版』(ナップ、下村吉治著)
- 『からだの働きからみる代謝の栄養学』(タカラバイオ株式会社、田川邦夫著)
- 『臨床スポーツ医学 2009 Vol.26 臨時増刊号 スポーツ栄養・食事ガイド』(文光堂)
- 『進化形!筋肉男子の栄養学』(ベースボール・マガジン社、竹並恵里著)
- 『スポーツ・運動栄養学 第3版(栄養科学シリーズNEXT)』(講談社、加藤秀夫・中坊幸広・中村亜紀共同編集)
- 『筋肥大メソッド』『除脂肪メソッド』(ともにベースボール・マガジン社、岡田隆著)
- Nutrition for Health, Fitness & Sport, Melvin H.Williams著、McGraw-Hill Higher Education
- Jäger R et al., International Society of Sports Nutrition Position Stand: protein and exercise. J Int Soc Sports Nutr, 14:20, 2017
- Kerksick CM et al., International society of sports nutrition position stand: nutrient timing. J Int Soc Sports Nutr, 14:33, 2017
- Vanhelder WP,Radomski MW,Goode RC.Eur J Appl Physiol Occup Physiol.1984;53(1):31-4.
- Frontera,WR.,Meredith,CN.,O'Reilly,KP.,Knuttgen.HG.,and Evans.WJ.(1988) Strength conditioning in older men:skeletal muscle hypertrophy and improved function.J.Appl. Physiol.,64(3):1038-1044.
- Tipton,K.D.,Rasmussen,B.B.,Miller,S.L.,Wolf,S.E.,Owens-Stovall,S.K.,Petrini,B.E. and Wolfe,R. R.:Timing of amino acid-carbohydrate ingestion alters anabolic response of muscle to resistance exercise,Am J Physiol Endocrinol Metab,281:E197–E206,2001.
- Esmarck B,Andersen JL,Olsen S,Richter EA,Mizuno M,Kjaer M.J Physiol.2001 Aug 15;535(Pt 1):301-11.
- Moore DR,Robinson MJ,Fry JL,Tang JE,Glover EI,Wilkinson SB,Prior T,Tarnopolsky MA,Phillips SM.Am J Clin Nutr. 2009 Jan;89(1):161-8.
- Tang JE,Manolakos JJ,Kujbida GW,Lysecki PJ,Moore DR,Phillips SM.Appl Physiol Nutr Metab. 2007 Dec;32(6):1132-8.
- Phillips,S.M.,K.D.Tipton,A.Aarsland,S.E.Wolf,and R. R.Wolfe(1997).Mixed muscle protein synthesis and breakdown after resistance exercise in humans.Am.J.Physiol.273: E99-E107.
- Volek JS,et al.Testosterone and cortisol in relationship to dietary nutrients and resistance exercise.J Appl Physiol(1985).1997 Jan;82(1):49-54. 2.
- Rodacki CL,Rodacki AL,Pereira G,Naliwaiko K,Coelho I,Pequito D,Fernandes LC.Am J Clin Nutr.2012 Feb;95(2):428-36.doi:10.3945/ajcn.111.021915.Epub 2012 Jan 4.
- FOX E.L.,BOWERS R.W.,FOSS M.L.,The physiological basis for exercise and sport, WBC, Brown and Benchmark,1993.
- JA Romijn,EF Coyle,LS Sidossis,A Gastaldelli,JF Horowitz,E Endert,American Journal of Physiology-Endocrinology And Metabolism 265 (3),E380-E391,1993.
- Nimptsch K,Platz EA,Willett WC,Giovannucci E.Clin Endocrinol(Oxf).2012 Jul;77(1):106-12.doi: 10.1111/j.1365-2265.2012.04332.x.
- Phillips.A Brief Review of Critical Processes in Exercise-Induced Muscular Hypertrophy.Sports Med (2014) 44 (Suppl.1):S71–S77.DOI 10.1007/s40279-014-0152-3.
- Rahimi R,et al.Effects of very short rest periods on hormonal responses to resistance exercise in men.J Strength Cond Res.2010 Jul;24(7):1851-9.
- 加藤譲,片上秀喜,広戸誠治,島津章,松下宣雄,井村裕夫"下垂体ホルモン分泌のリズム",蛋白質・核酸・酸素,27(2),233-245,1982

(※本文中に出典として掲載している省庁の資料名は、ここでは割愛しています)

■ 監修者略歴

岡田 隆（おかだ たかし）

1980年愛知県生まれ。日本体育大学体育学部教授（運動器外傷学研究室所属）。理学療法士。日本体育協会公認アスレティックトレーナー、NSCA CSCS、JATI-ATI。日本体育大学大学院修了（体育科学修士）、東京大学大学院博士課程単位取得満期退学。専門領域はトレーニング科学、アスレティックリハビリテーション。現在は柔道全日本男子チームの体力強化部門長を務め、ボディビルダーとしても活躍中。著書に『筋トレボディメイク・メソッド』（ナツメ社）、『筋肥大メソッド』『除脂肪メソッド』（ともにベースボール・マガジン社）など。

竹並 恵里（たけなみ えり）

1978年埼玉県生まれ。博士（学術）。管理栄養士。健康運動指導士。東洋大学非常勤講師。日本女子大学家政学部卒。早稲田大学大学院人間科学研究科修了後、明治製菓㈱（※現㈱明治）研究所に入社。同社のスポーツ栄養ブランド「ザバス」の研究開発やオリンピック選手の栄養サポートに従事。その後、東京大学大学院博士課程で石井直方教授に師事し博士号を取得。専門は筋肉から健康を考える「筋育栄養学」。著書・監修書に『進化形！筋肉男子の栄養学』（ベースボール・マガジン社）、『別冊 NHKきょうの健康 "筋力アップ"で健康』（共監修／NHK出版）など。

- ■ 編集協力　谷口洋一
  （株式会社アーク・コミュニケーションズ）
- ■ デザイン　玉井真琴（有限会社エルグ）
- ■ 写真・イラスト　shutterstock
- ■ 撮影　田村裕未（アーク・フォトワークス）
- ■ 編集担当　齋藤友里（ナツメ出版企画株式会社）

本書に関するお問い合わせは、書名・発行日・該当ページを明記の上、下記のいずれかの方法にてお送りください。電話でのお問い合わせはお受けしておりません。
- ナツメ社webサイトの問い合わせフォーム
  https://www.natsume.co.jp/contact
- FAX（03-3291-1305）
- 郵送（下記、ナツメ出版企画株式会社宛て）

なお、回答までに日にちをいただく場合があります。正誤のお問い合わせ以外の書籍内容に関する解説・個別の相談は行っておりません。あらかじめご了承ください。

筋肉をつくる食事・栄養パーフェクト事典

2018年3月6日　初版発行
2025年7月1日　第21刷発行

監修者	岡田 隆 竹並恵里	Okada Takashi,2018 Takenami Eri,2018
発行者	田村正隆	

発行所　株式会社ナツメ社
東京都千代田区神田神保町1-52　ナツメ社ビル1F（〒101-0051）
電話　03（3291）1257（代表）　FAX　03（3291）5761
振替　00130-1-58621

制作　ナツメ出版企画株式会社
東京都千代田区神田神保町1-52　ナツメ社ビル3F（〒101-0051）
電話　03（3295）3921（代表）

印刷所　TOPPANクロレ株式会社

ISBN978-4-8163-6417-4　　　　　　　　　　　　　　　Printed in Japan

〈定価はカバーに表示してあります〉
〈乱丁・落丁本はお取り替えします〉

本書の一部または全部を著作権法で定められている範囲を超え、ナツメ出版企画株式会社に無断で複写、複製、転載、データファイル化することを禁じます。

ナツメ社Webサイト
https://www.natsume.co.jp
書籍の最新情報（正誤情報を含む）はナツメ社Webサイトをご覧ください。